Svante Domizlaff

Yachten im Orkan

Das Fastnet-Rennen 1979

W0187670

Delius Klasing Verlag

Die Deutsche Bibliothek – CIP-Einheitsaufnahme

Domizlaff, Svante:
Yachten im Orkan: das Fastnet-Rennen 1979/Svante Domizlaff.
– 1. Aufl. – Bielefeld: Delius Klasing, 1999
(Segeln & Abenteuer)
ISBN 3-7688-1090-9

1. Auflage
ISBN 3-7688-1090-9
© by Edition Maritim, Raboisen 8, 20095 Hamburg

Umschlaggestaltung: Buchholz/Hinsch/Hensinger, Hamburg
Druck und Bucheinband: Clausen & Bosse, Leck
Printed in Germany 1999

Alle Rechte vorbehalten! Ohne ausdrückliche Erlaubnis
des Verlages darf das Werk, auch nicht Teile daraus,
weder reproduziert, übertragen noch kopiert werden,
wie z.B. manuell oder mit Hilfe elektronischer und mechanischer
Systeme inklusive Fotokopieren, Bandaufzeichnung
und Datenspeicherung.

Delius Klasing Verlag, Siekerwall 21, 33602 Bielefeld
Tel.: 0521/559-0, Fax: 0521/559-113
e-mail: info@delius-klasing.de
http://www.delius-klasing.de

INHALT

ALLES HANDELN WAR AUF DEN AUGENBLICK AUSGERICHTET

Wenn eine Armada sich vor dem Aufbruch befindet, geht es im Hafen hektisch zu. Das war bei den Spaniern 1588 nicht anders als am 11. August 1979 in der Marina von Cowes.
Lastwagenweise verschwanden Konserven und Getränke, Obst und Brot in den schlanken Leibern der Schiffe. Gut eine Woche mußte der Proviant ausreichen.
Besonders auf den modernen Yachten gibt es kaum vernünftigen Stauraum. Dosen, Kisten und Flaschen stehen einfach zwischen den Spanten auf der nackten Innenseite der Außenhaut. So auch an Bord unserer TINA.
Besonders glücklich waren wir über das in letzter Minute eingetroffene deutsche Brot (590 Scheiben) und Schlachter Bunkenborgs extra angefertigte Konserven: Hausmacher (Überlebens-)Leberwurst, Chop Suey, Kalbs- und Hühnerfrikassee. Bier der Marke Heldenbräu, Cola, Sodawasser und Orangensaft sollte unseren Durst löschen. Alkohol Fehlanzeige.
Trotz des geschäftigen Treibens im Hafen war eine deutliche Spannung zu spüren, wie sie allen großen Ereignissen vorausgeht. Fast mechanisch erfüllte jedermann die ihm zugedachte Aufgabe. Zu guter Letzt blieb kaum noch Zeit, sich von der Familie und den Freunden zu verabschieden – dabei sollte es für manchen ein Abschied für immer werden.
Doch beim Start zum Fastnet Race schien alles zum Besten bestellt. Die Wetterfrösche kündigten ein Azorenhoch an, das garstige Tief über dem Nordatlantik, vermutete man, werde weit im Norden vorbeiziehen.
Bei strahlender Sonne und bester Segelbrise gingen die Admiral's Cupper als vorletzte Klasse an den Start. Mit unserer TINA lagen wir von

Anfang an in der Spitze des Feldes. Bei starker mitlaufender Tide dem Solent entschlüpft, empfing uns draußen ein Anblick wie sonntags auf dem Wannsee – Segel soweit das Auge reicht.
Schnell hatten wir uns an die Bordroutine gewöhnt. Vier Stunden Wache in der Nacht, sechs Stunden am Tag ging der Rhythmus. Noch vor Anbruch der Dunkelheit passierten wir die gefürchteten Stromschnellen vor der Halbinsel Portland Bill. Es war nun schon ruhiger um uns geworden, nur wenige große Yachten lagen noch in unserer Nähe.
Auch der nächste Morgen brachte Wind gegenan, aber in feiner Dosierung. Lediglich dichter Nebel störte unser Wohlbefinden. Den über Funk gegebenen Positionsmeldungen entnahmen wir, daß unsere TINA immer noch an vorderster Stelle lag. Voran, voran, hieß die Devise.
In einiger Entfernung röhrten die Nebelhörner großer Frachtschiffe. Nur jener Dampfer ließ keinen Ton hören, der knapp 100 Meter vor uns vorbeipreschte.
Die Stimmung an Bord war prima, wenngleich man schallendes Gelächter in dieser unwirtlichen Nebelszene am Rande der bewohnbaren Welt kaum hören wird. Der Abend des zweiten Tages sah die Spitzengruppe bei Flaute dicht unter den Felsen von Kap Lizard treiben. Auf See hatte sich der Nebel gehoben, doch die wilde Steilküste blieb dicht verhangen. Oben brüllte das Nebelhorn des Leuchtturms wie Gottvater persönlich, unten züngelten bereits die kleinen Wellen der gegenläufigen Tide an den Rümpfen der Hochseerenner empor. Eine wahrhaft gespenstische Szene.
Zu unserer Beruhigung fanden wir uns mit den Fastnet-Favoriten aus den USA, ARIES und WILLIWAW, zusammen an der Spitze der Cupper mitten zwischen sehr viel größeren Yachten anderer Klassen. Eine hervorragende Ausgangsposition.
Für uns wurde es Zeit, um die Ecke zu kommen, bevor der Gegenstrom in voller Härte einsetzte. Zum Glück frischte der Wind bald auf, und im Laufe der Nacht näherten wir uns mit frischer Fahrt Land's End, von wo wir auf geradem Kurs Fastnet Rock ansteuern konnten. Diese Nacht verlief ruhig und fast langweilig.
Wieder ein Morgen im Fastnet Race. Das Wetter schien wie ein böses Omen. Vom Himmel regnete es Bindfäden. Bleigrau schob sich eine

hohe Dünung aus Südwest heran, Sendbote ferner Stürme. Die Segel schlugen in der Flaute wie Kanonenschüsse. Noch einmal konnten wir der Konkurrenz entwischen, dank unseres leichtesten Vorsegels, dem aus weinrotem Spezialtuch hergestellten Drifter (von to drift = treiben), den die Amerikaner garbage bag nennen, Müllsack.
Der Wetterbericht am Mittag verhieß Linderung und Ende der Schleicherei: West 6 bis 7, örtlich 8. Endlich sollte es voran gehen. Doch vorerst tat sich gar nichts. Mal schien der Wind etwas aufzubrisen, schon sprang er um 180 Grad zurück und verzog sich wieder. Die Positionen gegenüber der Konkurrenz änderten sich wie beim Roulette. Durch den Dauerregen waren die Sachen unter Deck bereits klamm. Man konnte keine Luke aufmachen zum Lüften, sofort drang der Regen ein. Wo zwölf Mann auf engstem Raum zusammenleben, schlafen, kochen, sich umziehen, auf die Toilette gehen, da muß man aber lüften können.
Doch daran dachten wir in diesem Augenblick nicht, denn neben uns rauschte auch unser Schwesterschiff WILLIWAW unter Spinnaker auf den Fastnet-Felsen los. Gerade hatten wir einen Mann in den 20 Meter hohen Mast geschickt, um ein paar verdrehte Fallen zu klarieren, als die WILLIWAW vom plötzlich umschlagenden Wind aufs Wasser gedrückt wurde. Eine Bö war eingefallen.
In letzter Sekunde bekamen wir unseren Mann zurück an Deck, da brach die Bö auch schon herein. Der große Spinnaker wurde gegen den Sturmspinnaker gewechselt. Und nun begann ein Höllenritt. Weder die WILLIWAW noch wir wollten auch nur einen Meter preisgeben. Der Geschwindigkeitsmesser schoß bis auf 14 Knoten hoch. Jetzt wird wieder das Können über den Sieg entscheiden, nicht mehr das Glück – glaubten wir.
Gelockt wurden wir an jenem Nachmittag des 13. August von einem günstigen Wind, der an Stärke bald so zugenommen hatte, daß nur noch der kleine 2,2-Unzen-Sturmspinnaker die beste Geschwindigkeit bringen konnte.
Schließlich waren wir in Eile. Einmal hieß es, den gewonnenen Vorsprung in der Regatta auszubauen, zum anderen drohten immerhin 8 Windstärken aus West – wie der Wetterbericht besagte, eintreffend innerhalb der nächsten zwölf Stunden. Bis dahin wollten wir den Felsen

umrundet haben, um dann sicher – und wenn möglich noch schneller – vor dem Sturm abzulaufen, statt mühsam gegenanzuprügeln.
Eine Segelyacht, die die absolute Spitze ihres Geschwindigkeitspotentials erreicht hat, verhält sich nicht viel anders als ein Auto oder Flugzeug in derselben Situation – kritisch. Rumpf und Rigg ächzten unter den brutaler werdenden Stößen des Windes. Das Wasser rauschte nicht mehr achteraus, es zischte und gurgelte vorbei. Querkommende Seen wurden wie Steinmauern durchstoßen, überkommendes Wasser leckte bereits ins Cockpit. Windstärke 7 bis 8. Die TINA flog.
Wie der Knall einer Ochsenpeitsche barst schließlich der luvwärtige Achterholer des Spinnakers, ein daumendickes Spezialtauwerk, und das bunte Vorsegel knatterte wie eine riesige Fahne davon. Es brauchte fast alle Mann an Deck, das tobende Segel unter Kontrolle zu bringen und an der verbleibenden Schot unter Deck zu reißen.
Der Spinnaker wurde durch die kleine Genua 4 ersetzt, dann ging es in unverändert rasender Fahrt weiter. Dennoch wurden wir mehrmals, in Schaum und Gischt gehüllt, aufs Wasser gepreßt, denn in der gleichen Zeit, in der wir unsere Segelfläche verkleinert hatten, nahm der Wind um zwei Stärken zu, 9 Beaufort.
Eine gewaltige, steile und brechende See donnerte gegen den Rumpf, über Deck und füllte das Cockpit mit Wasser. Die Fußbodenklappe öffnete sich, und die darunterliegenden Container mit den Rettungsinseln drohten über Bord zu gehen. Mit Mühe gelang es uns, die schweren Plastikkisten zurückzudrängen.
Gegen 21.00 Uhr herrschte ein schwerer Sturm. Das Großsegel zu reffen, erforderte geradezu übermenschliche Kräfte.
Es war schon stockdunkel, als der Steuermann über den eindrucksvollen Wogenkämmen das Feuer von Fastnet ausmachte. Wie ein heulender Derwisch näherte sich die TINA dem Felsen. Es war schwierig, gegen den Wind zu atmen.
Gnadenvoll verhüllte die Nacht das Inferno der See um uns herum. Wie Milchstraßen leuchteten Brecher neben uns. Gelegentlich wurde das Deck von phosphoreszierendem Meeresleuchten überschwemmt. Das halb mit Wasser gefüllte Cockpit sah aus wie eine geöffnete Schatztruhe voller Sternentaler.

Inzwischen war das Großsegel so klein wie möglich gerefft. Es stürmte mit Stärke 10. Weniger Segel gab es kaum zu setzen, wollte man nicht beidrehen und den Sturm abwarten. Aber daran dachte niemand.
Logbucheintragung vom 13. August, 00.00 Uhr: »Fastnet voraus in Sicht. Schwere See.«
Eine halbe Stunde später rundeten wir den berüchtigten Felsen unter kleinster Besegelung, zusammen mit zwei weiteren Yachten, die wir wegen der schlechten Sicht nicht identifizieren konnten.
Durch die mit Gischt und Regen angefüllte Luft und die außerordentlich schwere See fingerte sich der Scheinwerfer der Leuchtturmbesatzung, um uns zu erfassen und zu registrieren.
Was nach der Umrundung folgte, gehört zu den wahnwitzigsten Erlebnissen der gesamten Mannschaft. Der Orkan hatte seine Richtung noch nicht verändert und wehte nun mit voller Kraft etwas vorlicher als querab. Mehr unter als über der See schoß die TINA auf Heimatkurs, ständig von Brechern überlaufen.
Deck und Ölzeug schimmerten im Schein der Hecklaterne und des Kompaßlichts. Zu gewaltig waren die Wogen und zu dicht gestaffelt, als daß wir sie begreifen konnten. »Das ist ja wie im Kino, das gibt's in Wirklichkeit ja gar nicht«, dachte ich bei mir. Aber der Sturm boxte mein Ölzeug, das Salzwasser stand mir in den Stiefeln, und die Nadelstiche des Regens brannten mir auf den Wangen. Nirgendwo war das Schild zu entdecken: Notausgang.
Logbucheintragung 14. August, 1.00 Uhr: »Sehr schwere See, Windstärke 11 in Böen.« Jetzt brach das Chaos los. Mit drei Reffs im Großsegel und der kleinsten Fock raste die TINA mit geradezu irrwitziger Fahrt durch die See. 16 Knoten. Doch dafür interessierte sich niemand mehr. Der Windanzeiger sprang in Böen auf 60 Knoten – Windstärke 12, voller Orkan. Zwei Mann standen am Ruder. Das Schiff war ständig von Brechern eingehüllt. Die Wogen hatten eine kaum zu begreifende Höhe; es schien, als brächen dreistöckige Wohnhäuser über uns herein. Gischt und Regen fetzten waagerecht über die See und trafen unsere Gesichter wie Schrotladungen.
Unter Deck sah es kaum besser aus. Badewannenweise schoß das Wasser durch die Niedergänge und Luken. Cola- und Bierdosen, Reisbeutel,

Äpfel, Schuhe, Schlafsäcke, alles schwappte an der Bordwand nach oben. Es stank nach Diesel- und Hydraulik-Öl. Schreie von Deck drangen nur in Fetzen nach unten, der Sturm heulte und orgelte in der Takelage. Es sind dies die Augenblicke, in denen man für literarische Beschreibungen des Sturms auf See kein Verständnis mehr hat. Man denkt auch nicht ans Sterben, höchstens daran, daß der Schlafsack, der unter Deck wartet, furchtbar naß sein muß. Alles Denken und Handeln ist auf den Augenblick ausgerichtet. Angst hatte, glaube ich, niemand, nur den Wunsch, daß dieses Inferno irgendwann einmal zu Ende gehen möge.

Irgendwann um diese Zeit muß unser Skipper seinen Traum vom Sieg im Fastnet Race aufgegeben haben. Später schreibt er darüber: »Wir wissen zu diesem Zeitpunkt, daß wir in der Spitzengruppe liegen in dieser härtesten Regatta der Welt für Hochseeyachten. Ausgerechnet wir, die wir vorher in Deutschland bei den Ausscheidungsrennen oft belächelt und sogar angefeindet wurden. Angeblich, weil wir zu unerfahren seien für so ein hartes Rennen. Sicher aber, weil unsere junge Crew nicht ins gängige Bild des eingefleischten norddeutschen Segleradels paßt.

Doch an Sieg oder längst vergangene Ärgernisse kann in der tobenden See niemand von uns mehr denken. Jetzt geht es ums nackte Überleben.«

Logbuch 14. August, 2.00 Uhr: »Durch eine schwere See wird das Schiff durch den Wind gedreht und ist anschließend nicht mehr manövrierbar. Großsegel geborgen, Sturmfock gesetzt, Schiff läßt sich nicht mehr steuern. Ruderblatt anscheinend vom Schaft gebrochen.«

Der Anprall dieses Brechers, der Umsturz von einer Schlagseite zum Knockdown auf der anderen, das anschließende Bergen des Großsegels und der Sturmfock auf einem sich schüttelnden, überfluteten Vordeck, dieses Durcheinander überschreitet nachträglich das Vorstellungsvermögen.

Harald Brüning, der in dieser kritischen Situation am Ruder stand, erlebte die dramatischsten Minuten an Bord so:

»Morgens um halb drei schlug eine riesige See über der TINA zusammen. Plötzlich griff ich in Watte, das Steuer drehte leer. Das Schiff trieb in den Wind. ›Alle Mann an Deck.‹ Unter Lebensgefahr rissen wir die Segel herunter, damit der Mast nicht runterkommt und den Schiffsrumpf leckschlägt. Wir kämpften eine Stunde, bis die Segel unten waren. Unser Schiff schwamm zwischen den haushohen Wellen wie ein U-Boot, mehr unter als über Wasser.«

Alle Mann gingen unter Deck, nachdem das Ruder gebrochen war. Immer wieder stürzte von oben Wasser herunter, wie aus Badewannen. Die elektrische Pumpe arbeitete auf Hochtouren, aber wir mußten mit der Handpumpe nachhelfen. Alles flog durcheinander, wurde aufgeweicht: unsere Vorräte und Zeitungen, Klamotten und Streichhölzer. Das Schiff legte sich quer zum Wind und trieb zum Glück von der Küste weg, langsam nach Osten auf die offene See zu. Immer wieder wurde die Yacht unter nackten Masten auf die Seite gelegt.

Ohne Warnung traf die TINA plötzlich ein Schlag, der das Schiff zu sprengen schien. Alle dachten dasselbe: »Wir haben uns in der Navigation geirrt. Jetzt sind wir auf einem Felsen gescheitert.« Zwölf Mann stürzten auf die Niedergänge zu. Doch es war kein Felsen, der uns getroffen hatte, es war ein Brecher, dessen schemenhafte Fratze wir noch in Lee davonjagen sahen.

Zwölf Stunden lang überließen wir die TINA ihrem Schicksal und versuchten, in den nassen Kojen etwas Schlaf zu finden.

Gegen Nachmittag des 14. August ging die See noch immer himmelhoch, aber der Sturm hatte sich bis auf Stärke 6 gelegt. Die Sonne schien, doch es war sehr kalt. Wir begannen mit dem Riggen eines Notruders. Achtern wurde der Spinnakerbaum ausgebracht. Vorne diente die Sturmfock zum Steuern und dazu, den Bug in der gewünschten Richtung zu halten.

Unter Motor ging es langsam und mehr schlecht als recht auf Cork zu. Der Ort an der irischen Westküste war für uns der nächsterreichbare Hafen.

Mittlerweile versuchte unser Navigator über UKW-Telefon Hilfe herbeizuholen. Vergeblich. Wir dachten: »So etwas kann nur uns passieren, Ruder gebrochen, Regatta aufgegeben, Admiral's Cup verloren, und nun geht auch das Telefon nicht mehr...«

Gegen Abend kam ein zweimotoriges Flugzeug über den Horizont herauf und umflog uns dreimal in geringer Höhe. Sollten wir Notmunition schießen? Da wir nicht in akuter Seenot waren, begnügten wir uns mit

Winken und hofften, daß uns bald ein Schleppfahrzeug entgegengeschickt werden würde. Es war eine lange und bittere Nacht, die in der Hafeneinfahrt von Cork am Morgen mit dem Knallen von Champagnerflaschen endete. Wir feierten die Ankunft in Cork, ohne fremde Hilfe – und den Geburtstag unseres Skippers.

Daß Irland eine grüne Insel ist, habe ich immer gewußt. Wie schön dieses Grün sein kann, erfuhr ich aber erst beim Anblick der hügeligen Wiesen und Gärten in der Einfahrt zum Naturhafen von Cork, die wir am frühen Morgen des 15. August passierten. Wie mit einem Schlag waren das schmutzige Grau und kalte Blau der wütenden See vergessen.

Langsam setzte die Flut uns tiefer ins grüne Land. Durch kurze Motorschübe, umständliches, fast hilfloses Drehen und Schieben am Notruder und durch Fieren des kleinen Vorsegels dirigierten wir die TINA auf torkelndem Kurs tiefer in die Bucht.

Wir hatten es geschafft, den Nothafen ohne fremde Hilfe anzulaufen, ohne Notsignale zu schießen oder SOS zu funken. Das war wie ein Sieg, das schmeckte nach Erfolg und entschädigte für die verlorene Regatta.

Wenig später kam ein Lotsenboot auf und nahm uns in Schlepp. Die Spannung machte euphorischer Freude Platz. Wir feierten mit Champagner, Sherry und Schlachter Bunkenborgs Hausmacher-Leberwurst.

Nach wie vor befanden sich alle in dem festen Glauben, daß wir wohl die einzige Yacht der Flotte waren, der ein derartiges Mißgeschick geschehen war. Als einer sagte: »Wartet mal ab, da drinnen liegt die ganze Admiral's Cup-Flotte und wartet den Sturm an der Bar des Yachtclubs ab«, erntete er dröhnendes Gelächter.

Auf einem Hügel in der Einfahrt zur Bucht von Crosshaven wehte eine Flagge mit rotem Kreuz auf weißem Grund: Crosshavens Emblem. Dieses Zeichen erinnerte uns an das rote Kreuz im weißen Spinnaker der großen englischen Yacht BATTLECRY. »Battlecry was here«, bemerkte einer. Das Gelächter blieb uns in der Kehle stecken, als wir uns dem Yachtclub näherten – da lag tatsächlich die BATTLECRY, mit losgeschlagenem Kiel, wie wir später erfuhren.

Mit jedem Meter, den wir uns dem Hafen näherten, machten wir eine weitere große Yacht aus. SCHUTTEVAER und SCALDIS aus Holland, ACCANITO aus Frankreich, die britische QUAILO und der Stolz der Flotte von Cork,

SILVER APPLE OF THE MOON. Plötzlich ahnten wir Schlimmes. Eine Gruppe von Seglern lief auf dem Steg zusammen, als wir festmachten. Die erste Frage: »Alle Mann wohlauf?« – »Ja!« Tiefes Aufatmen. Dann prasselten die Schreckensmeldungen auf uns ein. 30 Tote, hieß es zunächst. Zehn Schiffe gesunken. Bis morgens um 7 Uhr noch 90 Schiffe vermißt. Eigentlich wollte ich erst mal erfahren, wie der HSV sein erstes Bundesligaspiel überstanden hatte. Sinnvolleres fiel mir nicht ein. Wir waren einfach nicht mehr aufnahmefähig zu begreifen, was um uns geschah. Der nächste Gedanke: Was war mit den übrigen deutschen Schiffen? Wo steckt die kleine RUBIN, die noch kurz vor dem Start zur Fastnet-Regatta ihren angeknacksten Mast reparieren ließ? Wo war die DOROTHEA mit ihrer jungen Besatzung? War die VINETA eigentlich an den Start gegangen, wo ihr Mast in einer Bö doch schon einmal gebrochen war? Niemand wußte Genaues.

Plötzlich tauchten überall Morgenzeitungen auf. An Bord der SCALDIS, neben der wir festgemacht hatten, saß wie gelähmt ein Segler, zwei Meter groß, Rücken wie ein Kleiderschrank. Sein bester Freund, hatte er eben in der Zeitung gelesen, befand sich an Bord eines der vermißten Schiffe.

Immer neue Boote, meist kleinere, erreichten während des Tages den Hafen. Von einer englischen Yacht stolperte ein Segler an Land. Sein Gesicht war bedeckt mit geronnenem Blut. Der rechte Arm des Mannes war so stark geschwollen, daß er sein Ölzeug nicht mehr vom Körper bekam. Ganz am Ende des Steges lag Her Majesty Sail Training Ship KUKRI OF HORNET. Der Aluminiummast, dick wie die Kandelaber von der Lombardsbrücke, war zerfetzt, als wäre er aus Papier.

Ein furchtbares Erlebnis hatten die sieben Mann der französischen Yacht OSSIAN. Skipper François Marques erzählte: »Nachts gegen 11 Uhr wurden wir 90 Grad auf die Seite gelegt, so daß der Mast ins Wasser zeigte. Als sich das Schiff wieder aufrichtete, bargen wir die kleine Sturmfock und rasten unter kahlem Mast mit neun Knoten durch die See. Es war nur ein Mann an Deck, als das Schiff wenig später – von einer gewaltigen Woge angehoben und umgestürzt – eine Rolle um sich selber machte. Als die Yacht auf der anderen Seite wieder hochkam, war der Mast abrasiert.« Nur weil er mit einer Leine gesichert war, überlebte Marques die Durchkenterung.

Mir verschlug es die Sprache. Da kamen wir uns schon wie die großen Seehelden vor und mußten diese Erlebnisse hören: Auf dem Weg zum Clubhaus traf ich John McWilliams von der SILVER APPLE. Er war lange Zeit Düsenjägerpilot in der berühmten Kunstflug-Staffel »Red Arrows« der Royal Air Force. Ob er noch einmal Fastnet segeln wird, fragte ich ihn. »Ach, weißt du«, sagte er, »der Mensch hat die Gabe zu vergessen. Kaum bist du im Hafen, scheint dir alles wie ein böser Traum, der gar nicht Wirklichkeit ist. Wir dürfen nur den Respekt vor der See nicht verlieren. Wir segeln ja nicht, wie andere Leute Golf oder Fußball spielen, sondern weil da etwas ist, was uns immer wieder auf See zieht. Das ist doch wie eine Krankheit, die hatte schon Kolumbus, und ein Sturm kann uns davon auch nicht heilen.«

In den späten Nachtstunden schleppte die irische Marine ein weiteres Boot in den Hafen. ALVENA – Brest stand auf dem Rumpf. Der Mast war bis auf einen Stumpf verschwunden, der Seezaun niedergerissen, die Luke und mehrere Fenster eingeschlagen. Das Wasser stand bis an den Kojenrand – ein Geisterschiff. Als man die ALVENA fand, war keine Menschenseele mehr an Bord.

Während die Crews versuchten, ihre mitgenommenen Schiffe notdürftig zu reparieren und mangels trockener Sachen in Badehose im Foyer des feudalen Grandhotels sitzen, zieht ein neuer schwerer Sturm über Südirland hinweg.

Die Besatzungen der beiden großen Motorrettungsboote von Cork stört das nicht. Sie machen Ferien. Ihre Schiffe liegen hoch und trocken – zur alljährlichen Überholung in der Werft von Crosshaven.

Ein Schiff durch einen Sturm zu bringen ist eine Sache. Eine andere ist, aus dem, was danach übrig geblieben ist, wieder ein Schiff zu machen.

Als wir nach dem glücklichen Ausgang im irischen Crosshaven daran gingen, die Spuren der dramatischen letzten 48 Stunden zu beseitigen, glich das Cockpit einer Terrine Spaghetti, unter Deck sah es aus wie Irish Stew.

Dutzende von Metern gebrochenen und verknoteten Tauwerks, Schoten, Fallen, Strecker, Bändsel und Beiholer schlängelten sich um unsere Beine. Wer den Niedergang hinunterkam, den erwarteten 14 Segel, wirr durcheinandergeworfen und mit einem Dieselölfilm überzogen. Zwölf

triefnasse Schlafsäcke moderten vor sich hin, 24 tropfende Faserpelz-Overalls lagen verstreut, Bootsschuhe und Schnürsenkel nach bester Eulenspiegelart aufgehäuft. Hunderte von Gummibändern, die dazu dienen, die Spinnaker vor dem Setzen zusammenzuhalten, verstopften die Lenzpumpe, gemischt mit rund 120 aufgeweichten Konservenetiketten.
Die übriggebliebenen Äpfel lagen in Hydrauliköl konserviert, angetrocknete Kekse und Brot klebten an der Bordwand. Vier Tage getragene Wollsocken gammelten in der Salzlauge vor sich hin.
UKW-Telefon, Funkpeiler, fast die gesamte Navigationseinrichtung, Seekarten, Signalflaggen – klamm und moderig. Das Nebelhorn war zugerostet und gab keinen Ton mehr von sich.
Alles mußte sorgfältig mit Süßwasser abgewaschen und in den wenigen Sonnenstrahlen getrocknet werden.
Zwölf Mann Besatzung hat die TINA, und wenn's sein muß, können die Jungs zupacken. Pardon wird nicht gegeben, am allerwenigsten von Eigner und Skipper Thomas Friese. Er ist Hochleistungsgenerator und gönnt sich und seiner Crew bei Regatten keine Pause. Die übrigen elf Mann waren:
Görge Grotkop, Navigator und von Beruf Physiker, den man nie ohne seine qualmende Pfeife sieht.
Roy Cundiff, Segelmacher aus den USA, im vergangenen Jahr Weltmeister in der Vierteltonner-Klasse, Taktiker an Bord, setzt lieber zuviel als zuwenig Segel.
Jürgen Schwern, Großadministrator mittschiffs, Kaufmann, lacht immer, kann zupacken wie kein anderer.
Thomas Kuball, spielt Piano mit Fallen und Streckern, Glasereikaufmann.
Douglas Peterson, zur Zeit erfolgreichster Yachtkonstrukteur der Welt aus den USA, sucht ständig seine Mütze oder einen Pullover. Ein großer Freund der Theorie.
David Griffith, Weltreisender in Sachen Segeln, dritter Amerikaner an Bord.
Hans Michael Ilius, Age genannt, Sportstudent, der Geige spielt, Hochseesegler im zweiten Jahr und schon verläßlich wie kein zweiter.

Harald Brüning, Medizinstudent, kämpft auf dem Vorschiff mit Spinnaker und Sonnenbrand, gewinnt meist gegen ersteren und verliert immer gegen letzteren.
Wim Meineke, auch Medizinstudent, wird aber selbst mehr behandelt, als daß er verarztet. Kaum unterzukriegen.
Michael Krebs, Student, der einzige, der nach dem Orkan zum Klarieren freiwillig in den Mast ging ... und schließlich ich selbst – ständig seekrank.
Diese zwölf Männer im Alter zwischen 29 und 39 Jahren haben es mit einer Dame zu tun, die ihresgleichen sucht: TINA, 15 Meter lang, superleicht und ebenso wie der 20 Meter hohe Mast in Aluminium gebaut. Kiel aus Blei, Ruder (das vermaledeite Ding, das brach) aus Titanium. Wanten, die den Mast halten, aus solidem, gezogenem Stahl. Fünf Hydraulikzüge zum Trimmen von Mast und Segeln. Bodenbretter und Motorverkleidung aus Honeycombe (leicht und stabil, findet als Fußboden in Düsenflugzeugen Verwendung). 36-PS-Hilfsdieselmotor mit Faltpropeller, zwölf Winden aus Titanium, um die Segel zu fahren.
Unter Deck Kojen für acht Mann – die übrigen müssen auf einem der 14 Segelsäcke schlafen. Fürs Wohlbefinden: ein Spirituskocher neben dem Klo und zwei Rettungsinseln à sechs Personen.
Die TINA ist noch jung, im Mai 1979 auf Norderney geboren und nach den Erfahrungen gegen internationale Konkurrenz in England eine der drei schnellsten Hochseeyachten der Welt – im Rahmen der Vergütungsformel.
Es klingt wie eine Beleidigung, wenn Leute daherkommen und sagen, diese Leichtbaukonstruktionen seien nicht sicher. TINA kann sich nicht wehren, und der Versuch mit dem Titanium-Ruder ist nicht ihre Schuld, sondern die Schuld falscher Berechnungen eines Zulieferers.
Schiffe sind weiblichen Geschlechts, Hochseeyachten ganz besonders. Ihre Formen vom geblähten Spinnaker vorn bis zum runden oder platten Heck achtern erregen den Segler wie lebendige Wesen aus Fleisch und Blut. Doch über das Aussehen läßt sich noch streiten, über den Erfolg nicht mehr. Ihre Rasanz, ihr Feuer und ihre Verläßlichkeit hat die TINA bewiesen.

DAS SCHICKSAL DER DEUTSCHEN YACHTEN

Solange in Deutschland Hochseeregatten gesegelt werden, solange nehmen deutsche Yachten auch an den Regatten vor England teil. Die Faszination im Vergleich zur einheimischen Konkurrenz gegen internationale Weltklasse antreten zu können, ist auch für deutsche Segler groß. Naturgemäß am härtesten umstritten ist die Teilnahme am Admiral's Cup. Fast 20 Yachten segelten bei den Ausscheidungsregatten 1979 in Nord- und Ostsee. Nahezu die Hälfte davon waren Neubauten, die hauptsächlich zu dem Zweck gebaut worden sind, sich für die Teilnahme in England zu qualifizieren.

Seit der Andrang im Admiral's Cup-Team derartig groß ist (ab 1973), gibt es Streitereien um diese Qualifikationen. Das Hauptproblem ist dabei, daß ein Team in England nur über den zuständigen Nationalen Verband gemeldet werden darf. Das ist in Deutschland der Deutsche Segler Verband (DSV). Hier hat es bisher an der ausreichenden Kompetenz im DSV gefehlt, das richtige Team zusammenzustellen oder ein Auswahlsystem einzuführen, das narrensicher ist.

Meist war man gezwungen, auf Leute zurückzugreifen, die, wenn sie den nötigen Sachverstand hatten, selbst zu den Aktiven gehörten und daher unvoreingenommen gar nicht entscheiden konnten.

Doch nicht nur deutsche Cup-Segler nahmen an den Rennen im Solent und an der Fastnet-Regatta teil. In den Mahlstrom der Ereignisse zwischen Scillies und Fastnet gerieten noch vier weitere deutsche Boote, die Ehrgeiz zwar mit dem Willen versorgte, sich möglichst teuer gegen die Konkurrenz zu verkaufen, denen aber gleichzeitig klar war, daß sie für einen Sieg nicht dasselbe Opfer bringen würden wie ein Cup-Segler.

Jede dieser deutschen Yachten erlebte das Rennen anders. Die subjektiven Erfahrungen, die auf einer Yacht bis zur Todesangst, auf einer anderen zu fast euphorischer Freude führte, geben ein repräsentatives Bild vom Verhalten der Segler im Fastnet-Sturm.
Natürlich haben nicht alle Boote dieselben Bedingungen in der Irischen See gehabt, da sie auf unterschiedlichen Positionen standen.

Die deutschen Yachten

Wenn man von der Durchkenterung der JAN POTT absieht, so sind die deutschen Yachten im Fastnet-Rennen recht glimpflich davongekommen. Es wäre sicher anders gewesen, wenn sich mehrere deutsche Yachten im Zentrum des Unglücksgebietes nahe der Labadie-Bank befunden hätten.
Die relativ günstigsten Bedingungen haben während des Höhepunktes des Sturmes, zwischen Mitternacht und Morgengrauen, im Umkreis von 30 bis 40 Seemeilen vom Fastnet Rock bestanden. Hier segelten die RUBIN, die DOROTHEA, die TINA und HAMBURG X. Daß auf ihren Kursen überhaupt noch Segel geführt werden konnten, ja, daß man sogar noch relativ sicher aufkreuzen konnte, spricht für sich. Auch die TINA, die Fastnet bereits kurz nach Mitternacht umrundet hatte, lag zum Zeitpunkt ihres Ruderbruchs höchstens 30 Seemeilen vom Fastnet-Leuchtturm entfernt und trieb dann nordostwärts aus dem Gefahrenbereich hinaus.
Die JOLIE BRISE, das kleinste Schiff der deutschen Flotte, lag am weitesten zurück. Sie stand aber offensichtlich nordöstlich der Labadie-Bank und trieb beigedreht ebenfalls aus der Gefahrenzone. Die Entscheidung aufzugeben und vor dem Wind abzulaufen, brachte der JAN POTT das Unglück. Sie lief mit Kurs Land's End geradewegs auf die Bank zu und wurde zumindest in ihrer Nähe von den schweren Kreuzseen erwischt. Der TAI FAT ging es ähnlich. Auch sie lief vor dem Wind ab, mit teilweise ganz erheblicher Fahrt, und stand später genau im Unglücksgebiet. Vergleicht man die folgenden Berichte von RUBIN und TAI FAT – die einen segelten, die anderen kämpften um ihr Leben –, so werden die unterschiedlichen Bedingungen offensichtlich.

Die Durchkenterung der JAN POTT

Der Rumfabrikant Norbert Lorck-Schierning nahm 1979 das siebente Mal am Fastnet Race teil, und es deutete zunächst nichts darauf hin, daß seine neuerbaute, für das Admiral's Cup-Team der Bundesrepublik startende JAN POTT etwas Ungewöhnliches erleben würde. Die vier vorangegangenen Regatten vor Cowes waren für die JAN POTT nicht sonderlich glücklich verlaufen. In der Langstreckenregatta nach Fastnet, für die es eine dreifache Punktwertung gab, wollten sich Skipper und Crew rehabilitieren. Schließlich saß mit Ulli Libor ein zweifacher Olympiamedaillen-Gewinner am Ruder, und die JAN POTT schnitt bei den Qualifikationsregatten in Deutschland als bestes Schiff ab.
Tatsächlich lief nach dem Start alles optimal. Im ersten Drittel des Regattafeldes schob sich die JAN POTT bei wechselnden Winden um die verschiedenen Vorgebirge und strebte am Montag über die Irische See dem Fastnet-Felsen zu. Es war schon Nachmittag. Schierning saß am Radioempfänger, als er zufällig in einem englischen Sender etwas von Sturm hörte; auch ein französischer Sender brachte eine Sturmwarnung, ohne daß der Skipper genau feststellen konnte, um welchen Sender es sich handelte und welches Gebiet gewarnt wurde. Er beschloß vorsichtshalber, das Barometer im Auge zu behalten.
Tatsächlich nahm der Wind zu, und das Barometer fiel im Laufe des Nachmittags schnell – in einer Stunde um vier Millibar: »Da haben wir geahnt, daß etwas auf uns zukommen würde. Alles deutete auf außergewöhnlich schweres Wetter hin.«
Bis zum Fastnet-Felsen waren noch rund 60 Seemeilen zu segeln. Die JAN POTT surfte unter Sturmspinnaker auf den Felsen zu. Gegen 18 Uhr hatte der Wind so zugenommen, daß Spinnaker gegen Genua I gewechselt wurde. Es wehte hart aus Südwest, in Böen bis Stärke 8. In der Dunkelheit wurde schließlich auch die Genua geborgen, und kurz vor Mitternacht raste das Schiff unter kahlen Masten weiter mit Kurs Fastnet Rock.
In der ersten Stunde des neuen Tages näherte sich die JAN POTT dem Felsen, dessen hohes Feuer in der Gischt kaum noch auszumachen war. Man entschloß sich, die Sturmfock zu setzen und aus Sicherheitsgründen

den Turm um einige Meilen zu überlaufen. Da der Sturm auflandig wehte und zwischen Felsen und Festland kaum mehr als vier Seemeilen liegen, entschied sich Schierning, den Turm nicht zu runden, sondern bei 10 bis 11 Windstärken eine Wende zu fahren und raumschots abzulaufen, um wieder Seeraum zu gewinnen.

Das Manöver glückte. Schierning erzählte später: »Eine See wie diese hatte ich noch nie erlebt, und ein paar Törns habe ich ja schon hinter mir. Das waren mindestens 10 Windstärken. Wir selbst haben 63 Knoten gemessen.« Und Steuermann Libor ergänzt: »Die riesigen Wellen haben wir in der Nacht kaum gesehen. Wir hörten es nur rummeln.«

Bis gegen 6 Uhr am Morgen hielt sich das Schiff hervorragend in der See. An Deck befand sich neben Steuermann Libor für alle Fälle noch ein zweiter Mann – Segelmacher Bernd Faber aus Hamburg. Sie waren mit einer Rettungsleine gesichert. Da schien sich für die JAN POTT das Schicksal zu besiegeln. Um 6 Uhr 35, Fastnet Rock lag 45 Seemeilen achteraus, rollte von achtern eine gewaltige See heran. Libor berichtet: »Ich dachte noch, die trifft uns, wäscht aber wie die meisten anderen Seen einfach über Deck. Dann merkte ich einen irrsinnigen Druck auf Arm und Körper und klammerte mich nur noch ans Ruder. Mein einziger Gedanke: Nur nicht loslassen. Da verschwand ich im Wasser und stand plötzlich frei vom Wasser wieder da. Aber Bernd war weg und der Mast auch.«

Für Bernd Faber spielte sich das Unglück so ab: »Ich sah die Welle kommen. Sie erfaßte das Heck unseres Schiffes so unglücklich, daß es vor dem Wellenberg querschlug und nach Lee durchkenterte. Das Ganze dauerte etwa 30 Sekunden. Ich versuchte mich in Luv anzuklammern, wurde jedoch auch nach Lee über Bord gerissen. Als das Schiff sich wieder aufrichtet, höre ich Ulli rufen: ›Wo ist Bernd?‹ Zwei Crewmitglieder stürzen an Deck und zerren mich an meiner Rettungsleine an Deck. Mein Bein schmerzte sehr.«

Axel Andresen, Bootsmann der JAN POTT, befand sich während der Durchkenterung unter Deck: »Das Durcheinander war geradezu unbeschreiblich. Glücklicherweise hatte ich vorher den Anker und die schweren Batterien festgelascht.«

Die Mannschaft hatte kaum Zeit, sich von ihrem Schock zu erholen. Aus

den zerbrochenen Zylindern der Masthydraulik sickerte Öl, das das Deck in eine Rutschbahn verwandelte. Obwohl das Werkzeug im ganzen Schiff verstreut lag, waren die Wanten, die den wild schlagenden Mast noch am Schiff hielten, nach kurzer Zeit abgesägt.
Das Wichtigste war nun die Stabilisierung des Schiffes in der tobenden See. Man brachte einen Treibanker in Form von Leinen und einem Spinnaker achteraus. Das Paket vertörnte sich jedoch hinter dem Spatenruder des Schiffes und mußte gekappt werden. Noch immer schoß die Yacht mit großer Geschwindigkeit die Seen hinab. Erst ein über Bord gelassener verknoteter Spinnaker hielt das Heck in Wind- und Seerichtung und bremste die Fahrt.
An das Absenden einer Notmeldung war nicht zu denken, denn mit dem Mast war auch die Antenne des UKW-Gerätes in der See verschwunden. Glücklicherweise lief die Maschine der JAN POTT noch. Als der Sturm am Nachmittag nachließ, wurde mit Hilfe des Spinnakerbaums und der Fock ein Notrigg errichtet. Ein bretonischer Fischer, dem die JAN POTT nördlich Land's End begegnete, versorgte die Mannschaft mit frisch gefangenem Fisch und einem Kanister Diesel. In der folgenden Nacht erreichte die Mannschaft mit eigener Kraft und ohne Hilfe in Anspruch genommen zu haben den Zielhafen Plymouth.

RUBIN – nie in ernsthafter Gefahr

Obwohl die RUBIN zu den kleineren Schiffen der Admiral's Cup-Flotte gehört, bestand für Hans-Otto Schümann und seine Crew nie eine ernsthafte Gefahr im Rennen. Lediglich beim Umsegeln des Fastnet-Felsens war der Crew nicht ganz wohl, denn hier zeigte die Macht der brechenden See an den Felsen, wozu Sturmseen fähig sind.
Vom Einsetzen des Orkans war man auf der RUBIN genauso überrascht wie auf allen anderen Schiffen. Dabei hatte man sich nach den verkorksten Regatten im Solent endlich mal in einer guten Position befunden. Statt unter Land die Kanalküste hochzukreuzen, gehörte die RUBIN zu den wenigen Schiffen, die hinaus auf See gingen. Der volle Tidenstrom stand zwar gegenan, aber die Windbedingungen waren offensichtlich besser. Es war jedenfalls die richtige Entscheidung.

Als in der Montagnacht die ersten schweren Böen einsetzten, hatte man die Segel der RUBIN schon weit heruntergerefft. Skipper Schümann, der 1979 sein zehntes Fastnet-Rennen segelte, ist ein Seemann alter Schule, und für ihn zählt Sicherheit mehr als für viele seiner jüngeren Konkurrenten. Im Solent, wo heute auf Teufel komm raus gesegelt wird, schlug sich diese Vorsicht in den schlechten Plazierungen nieder. In der Fastnet-Regatta brachte es ihm einen entscheidenden Vorteil.
Beim ersten Windanprall hatte Rudergänger Jörg Heinritz die Yacht vor den Wind gebracht und mit Hilfe der Freiwache waren bald alle Segel geborgen. Noch konnten sie Fastnet auf raumem Kurs anliegen. Obwohl kein Segel mehr gesetzt war, machte die RUBIN immer noch gute vier bis fünf Knoten Fahrt.
Etwa eine Stunde später war allen Männern an Bord klar, daß sie es nicht mit einer durchziehenden Bö zu tun hatten, sondern daß sie geradewegs in einen ungewöhnlich schweren Sturm gesegelt waren.
Doch Schümann hatte noch einen Trumpf in der Hand. Im Gegensatz zu seinen Konkurrenten hatte er ein Sturmtrysegel eingepackt. Trysegel, die als Ersatz für das Großsegel im Sturm gesetzt werden können – sie bestehen aus besonders schwerem Tuch und sind sehr klein –, wurden aus Gewichtsgründen von den meisten Seglern an Land gelassen. Die internationalen Wettfahrtregeln schreiben ein Trysegel für die Fastnet-Regatta nicht zwingend vor.
Allerdings war man auch an Bord der RUBIN noch nie in eine Situation geraten, die das Setzen des Trysegels erforderlich machte. Voller Schreck stellte die Crew beim Anschlagen fest, daß das Kopfbrett des Segels nicht in die Mastnut paßte. Es dauerte gut eine Stunde, bis das Segel umgearbeitet und nutzbar gemacht worden war.
Im Morgengrauen näherte sich die RUBIN der Wendemarke. Weil der Wind immer weiter auf den Kopf gedreht hatte und eine Wende unter Trysegel allein so gut wie unmöglich ist, war mittlerweile auch die Sturmfock gesetzt worden. Der Wind ließ diese Besegelung zu. An anderer Stelle lagen die Yachten zu dieser Zeit mit kahlen Masten auf der Seite.
Navigator Mike Iwand sah der Annäherung zum Land mit Sorge entgegen. Zwar lag der Fastnet-Felsen genau voraus, doch dachte er bei sich:

»Die Wassertiefe nimmt schnell ab. Die See ist hier schon gewaltig, wie mag sie dort sein. Gibt es Grundseen? Zwischen Felsen und Küste besteht allenfalls vier bis fünf Meilen Seeraum. Das ist eine kitzlige Sache.«

Doch auf der RUBIN blieb man Herr der Lage. Solange sich das Schiff ordentlich steuern ließ, bestand keine Gefahr. Das erste Tageslicht erleichterte die Navigation zusätzlich,und so überlief man aus Sicherheitsgründen den Fastnet-Turm um gut zwei Seemeilen, suchte sich eine etwas ruhigere Seenfolge und wendete dann auf den neuen Kurs, backbord an Fastnet Rock vorbei, Kurs Scillies. Der Felsen und die sich brechende See boten ein imposantes Schauspiel. Dazu Navigator Iwand:

»Der Leuchtturm auf Fastnet Rock ist immerhin 54 Meter hoch, doch die Gischt knallte bis an den oberen Feuerträger. Zwischen den Seen sahen wir plötzlich eine Yacht hinter dem Felsen herauskommen, die nahe an der Brandung gewendet haben mußte. Es war die MAGISTRI, eine kanadische Yacht, wie wir bald feststellten. Unserer Meinung nach ein unverantwortliches Manöver. Aber so wird eben heute gesegelt, und im Ziel lag die MAGISTRI dann auch vor uns.«

Mit der Umrundung der Wendemarke war für die RUBIN die größte Gefahr vorbei. Mit achterlichem Wind konnte sie ablaufen, ohne in Bedrängnis zu geraten. Navigator Iwand meinte jedoch später:

»Einen derartigen Sturm habe ich auf einer Yacht noch nie erlebt und möchte ich auch nicht noch einmal erleben. Davor schützt mich im Grunde nur, daß ich nie weiß, was auf mich zukommt.«

Im Verlauf des Nachmittags beruhigte sich der Wind langsam, und nach und nach konnte wieder mehr Segelfläche gesetzt werden. Es begann mit der Genua IV, dann folgte die Genua III und schließlich der Sturmspinnaker. Am Abend hatten sie die Scilly-Inseln querab, da wurde es schon sehr flau.

Am folgenden Abend um 18 Uhr, es war der Mittwoch, durchsegelte die RUBIN als 27. Admiral's Cup-Yacht die Ziellinie vor Plymouth. Auf dem Weg ins Millbay Dock wurde das Deck aufgeklart und unter dem Beifall einer riesigen Menschenmenge an Land machte die müde, aber glückliche Besatzung ihre Yacht fest.

Die Sturmfahrt der RUBIN war um so glücklicher, als ihr Mast in der

letzten Inshore-Regatta gestaucht war. Im letzten Augenblick hatte man ihn notdürftig reparieren und versteifen können – er hielt.
Eigner und Skipper Hans-Otto Schümann, mit 62 Jahren einer der ältesten Fastnet-Segler, hat inzwischen den Abschied von der Admiral's Cup-Segelei genommen. Aber mit dem Fastnet-Rennen, so sagt er, hat das nichts zu tun.

HAMBURG X – das schnellste Clubschiff

Der Name HAMBURG hat in der Geschichte der deutschen Hochseesegelei einen guten Namen. Die zweite Yacht dieses Namens belegte den zweiten Platz in der berühmten Transatlantik-Regatta von 1905, in der von dem amerikanischen Dreimastschoner ATLANTIC ein Rekord aufgestellt wurde, der 75 Jahre Bestand hatte.
Seither nahmen Yachten mit dem Namen HAMBURG regelmäßig an bedeutenden Hochseeregatten teil. Der Stander mit dem roten Hanseatenkreuz auf weißem Grund ist auch in England ein Begriff. Selten gibt es ein Jahr, in dem die Cowes Week ausgelassen wird.
Im Besitz des Schiffs ist der Hamburgische Verein Seefahrt, eine gemeinnützige Unternehmung, die von Hamburger Kaufleuten getragen wird und einst von Albert Ballin, dem berühmten Direktor der Hamburg Amerika Linie, gegründet wurde. Ziel des Vereins ist es, für den Seglernachwuchs der Hansestadt zu sorgen.
Die zehnte HAMBURG nahm an der Fastnet-Regatta 1979 teil. Unter dem Namen DUVA hatte sie schon zweimal für das deutsche Admiral's Cup-Team gesegelt und gezeigt, daß ihre Stärken im harten Wetter liegen. Der Hamburgische Verein Seefahrt erwarb das Schiff, und es erwies sich als sicheres Seeschiff, das für die Ausbildung von Jugendlichen hervorragend geeignet ist.
Konstrukteur der 15-Meter-Yacht ist die berühmte Firma Sparkman & Stephens in New York, doch gebaut wurde sie in Bremen. 1979 nahm die Mannschaft des Schiffes das erste Mal am Fastnet-Rennen teil.
Als die HAMBURG X den Fastnet-Felsen am Dienstagmorgen um 3 Uhr 30 rundete, trug die Yacht noch Genua IV. Der Wind hatte auf den Kopf gedreht, so daß die letzten Stunden gegenan gekreuzt werden mußte. Die

meiste Zeit hatte Skipper Bernard Frieling am Ruder gestanden, jetzt, als die Yacht vor dem Wind ablaufen konnte, ließ er sich ablösen. Er ging unter Deck, krabbelte in seinen Schlafsack und schlief gleich ein. Sein Bruder Ansgar erzählte später:

»Unter Deck war alles ganz anders, fast eine Idylle. Was da draußen vorging, haben wir kaum gespürt. Erst als der Rudergänger brüllte: ›Ich kann das Schiff nicht mehr halten!‹ ahnten wir, was los war.«

Die HAMBURG X hatte den Höhepunkt des Orkans offensichtlich in einer günstigeren Ecke als viele andere Schiffe erwischt. Vor dem Wind lief die

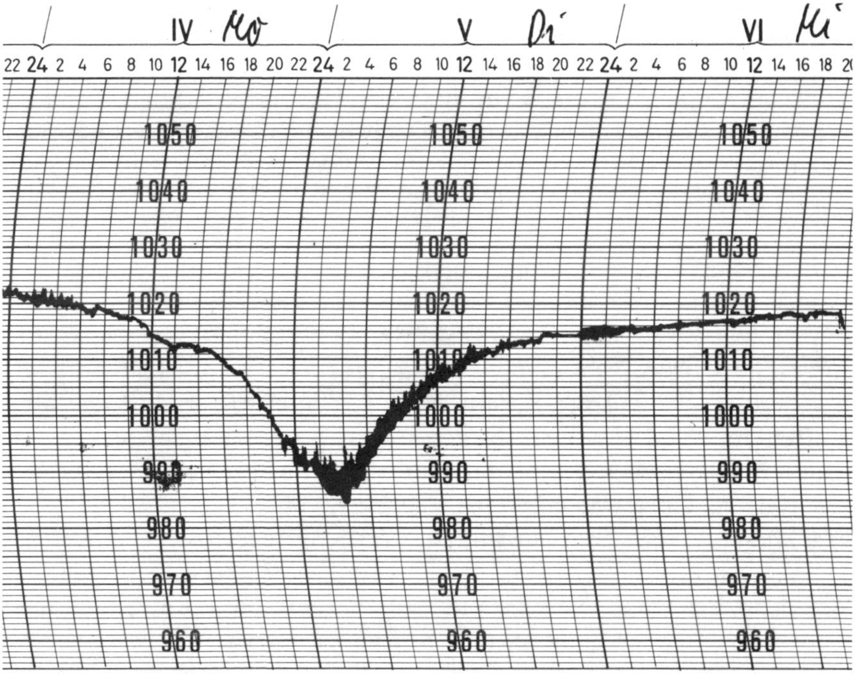

Die Barographenkurve der HAMBURG X. *Am Montag gegen 08.00 Uhr begann der Luftdruck zu sinken. Zwischen 14.00 und 16.00 Uhr blieb er kurzfristig gleich und sackte bis Dienstagmorgen 04.00 Uhr auf 984 Millibar. Die Schwankungen des Barographen lassen auf kurzen und steilen Seegang mit beträchtlichen Wellenhöhen schließen.*

Yacht nur unter Sturmfock ab. Sie hielt sich tadellos. Ansgar Frieling: »Angst, ja, die hatte ich wohl manchmal gehabt. Aber ich fand die Überführung nach England durch den Kanal bei Windstärke 7 gegenan und bei einer kurzen Welle viel unangenehmer.«

Die HAMBURG X gehörte zu den glücklichen Schiffen im Fastnet-Rennen. Es gab keine Verletzungen an Bord und keine ernsthaften Schäden. Der Auftrag, den der Verein seinen Skippern mitgibt, lautet: Seemannschaft an erster Stelle, der Regattasieg ist nicht entscheidend. In einer Grenzsituation, wie sie das Fastnet-Rennen bot, führte diese Maxime, verbunden mit dem notwendigen Glück, sogar zu einem Sieg. Der Preis für das schnellste Clubschiff ging an die HAMBURG X. Es war der einzige Preis, den deutsche Yachten vom Fastnet-Rennen mitbrachten.

Zunächst war der Pokal an die Boys der US-Naval Academy und ihr Schiff ALLIANCE vergeben worden. Doch hier hatte sich der Computer geirrt. Das Versehen wurde vom Royal Ocean Racing Club, dessen GRIFFIN gesunken war, später korrigiert.

DOROTHEA – glimpflich davongekommen

Als die DOROTHEA im Herbst 1979 zur Reinigung des Unterwasserschiffes aufgeslipt wurde, sah Eigner Wolfgang Petersen aus Hamburg die Bescherung. Die Fastnet-Regatta hatte im Unterwasserschiff deutliche Spuren hinterlassen. Vom Bug bis zum Kielansatz beulte sich das Aluminium zwischen den Spanten bis zu eineinhalb Zentimeter tief ein – der vordere Unterwasserbereich der Yacht glich einem Waschbrett. Ergebnis einer schweren Sturmkreuz, traf es die DOROTHEA am Abend des 13. Augusts, noch etwa 60 Seemeilen vom Fastnet-Felsen entfernt. Für Wolfgang Petersen, der eine sehr junge Crew an Bord hatte, stand Sicherheit an erster Stelle. Da die Sturmfock zerriß, stob die DOROTHEA bald unter dreifach gerefftem Großsegel allein durch die Sturmnacht. Als man gegen Morgen der Meinung war, Fastnet Rock nun langsam in Sicht bekommen zu müssen, entdeckte die Besatzung endlich den erwarteten hellen Schein – allerdings eine ganze Strecke in Lee. Sollte man so falsch navigiert haben oder hatte sie der Strom derart versetzt? Petersen entschloß sich, abzufallen und auf das Feuer zuzuhalten.

Die Sache wurde bald unheimlich, denn der Schein war sehr unregelmäßig und verschwand bald vollständig. Nun wurde Fastnet Rock mit dem Funkpeiler gesucht und siehe da, er befand sich weit zu Luv. Wie sich später herausstellte, war die Rettungsaktion zu diesem Zeitpunkt bereits angelaufen und Hubschrauber hatten mit ihrem starken Scheinwerfer den Eindruck erweckt, als handele es sich um ein Leuchtfeuer.
Für die DOROTHEA, deren Besatzung durch Seekrankheit und eine Sturzverletzung etwas dezimiert war, begann nun, wie Eigner Petersen es ausdrückt, »eine unvergeßliche und nach meinem subjektiven Eindruck herrliche Sturmkreuz«. Das Schiff lag dabei unter Genua IV, das Großsegel war vollständig geborgen worden. Beim Sturz in die Wellentäler schlug das Schiff so hart ein, daß sich die Außenhaut der besonders schwer und sicher gebauten Yacht aus Aluminium nach innen beulte.
Es war bereits heller Tag, als die DOROTHEA Fastnet ordnungsgemäß umrundete. Der Leuchtturmwärter sah das Schiff und meldete seine Beobachtung nach Plymouth.
Die DOROTHEA kam im Fastnet-Rennen glimpflich davon. Sieben Segel waren zerrissen, darunter drei Spinnaker und das Großsegel. Die Crew bewährte sich nach Aussage des Skippers hervorragend. Petersen: »Der eigentliche Schock kam erst, als wir in Plymouth hörten, was wirklich in jener Nacht geschehen war.« Für ihn war es die dritte Fastnet-Regatta »und sicher nicht die letzte«.

JOLIE BRISE – vor Topp und Takel treibend

Das kleinste deutsche, an der Fastnet-Regatta teilnehmende Schiff war ein Eintonner vom Typ Oyster 37. Ihr Eigner stammt aus Mönchengladbach und hat seine Yacht meist in Holland liegen. Schiff und Mannschaft sind erfahren und haben so manchen kräftigen Wind in der Nordsee überstanden.
Der Name der Yacht, JOLIE BRISE, erinnert an eines der ersten Schiffe, das eine Fastnet-Regatta gewann und den gleichen Namen trug.
JOLIE BRISE hatte an den Regatten der Cowes Week im Solent nicht teilgenommen. Sie war lediglich für das Fastnet-Rennen nach England gekommen.

Wie auf den vielen anderen Schiffen derselben Klasse verliefen die ersten beiden Regattatage routinemäßig. Der Nebel zerrte an den Nerven und warf Fragen über den genauen Standort und die Positionen der Konkurrenz auf. Die Flaute vor der äußersten Südwestecke Englands, vor Lizard und Land's End, ließ so manchen Fluch über die Lippen der Segler gehen. Sie hatten mit schlagenden Segeln und starken Tidenströmungen zu kämpfen. In der kräftigen südwestlichen Dünung purzelte alles durcheinander, man konnte sich kaum auf den Beinen halten.
Mit Dankbarkeit wurden die ersten Brisenstriche aus südlicher Richtung registriert, und schnell war der Ärger über die vertane Zeit verflogen. Bald steckte auch die JOLIE BRISE ihren Kopf in die offene See und flog unter Spinnaker auf Kurs 330 Grad dem Fastnet-Felsen entgegen.
Der Wetterbericht war mit Erleichterung einerseits und mit Vorsicht andererseits aufgenommen worden. Südwest bis West 7 hieß es. Das ließ sich abwettern, außerdem hat man in der Regatta gern etwas anzupacken. Was die JOLIE BRISE tatsächlich da draußen erwartete, damit hatte zu diesem Zeitpunkt niemand gerechnet. Es begann gegen 23 Uhr. Der Spinnaker war längst geborgen. So schnell kam der Sturm auf, daß es sich kaum noch lohnte, von Genua I und vollem Großsegel auf kleinere Segel zu wechseln. Als man soweit war, hatte der Wind derartig zugenommen, daß gar kein Segel mehr getragen werden konnte. Eine halbe Stunde später lag das Schiff mit dem Ruder nach Luv gelascht unter Topp und Takel treibend in der schwerer werdenden See.
In Sichtweite der JOLIE BRISE versuchten noch einige andere Boote unter kleinen Segeln gegen den Sturm anzukämpfen. Sie verschwanden bald in der Finsternis.
Trotz des unerwarteten Wetters fühlte man sich an Bord ganz wohl. Brecher schlugen nicht an Deck, nur die Kämme der mächtigen Seen wehten ins Cockpit, ohne jedoch Schaden anzurichten.
Das Schiff rollte entsetzlich, auch unter Deck wurde es immer ungemütlicher, dennoch fühlte sich die Crew sicher, weil die letzte Positionsbestimmung einen Ort etwa 50 Seemeilen südöstlich Fastnet-Rock ergeben hatte. Bei südwestlichen und westlichen Winden bestand also zunächst keine Gefahr in den gefährlichen Bereich einer Leegerwallküste zu geraten.

Einen Sturm wie diesen hatte auch auf diesem Schiff bisher niemand erlebt. Was blieb ihnen anderes übrig als so lange zu warten, bis er sich wieder verzogen hatte?
Über UKW wurde das Drama jener Nacht auch für die Männer der JOLIE BRISE bekannt und mit Staunen und Erschütterung registriert. Was geschah, geschah um sie herum, sie selbst befanden sich mitten in dieser Tragödie, ohne jedoch in ähnlicher Weise betroffen zu sein.
Der Deckswache bot sich derweil ein schaurig-schönes Bild. See auf See walzte aus der Dunkelheit heran, unter dem Kiel hindurch und in Lee wieder davon. Man meinte festzustellen, in den tiefen Wellentälern sei es fast windstill, während es auf der Höhe der Seen mit Böen bis zu 60 Knoten wehte. Dabei war die Luft von ungeheurem Lärm erfüllt. Wenn die rasenden Wolkenfetzen den Mond für einige Augenblicke freigaben, wurde die Szenerie in gespenstisches Licht getaucht.
Während des Sturmes führte die Crew ihre ganz normale Bordroutine weiter, nachts vier Stunden Wache, tagsüber sechs Stunden. Die beiden Wachhabenden saßen dick vermummt im Cockpit, gesichert mit ihrem Lifebelt umd mit einer zweiten Leine an den Duchten festgebunden. Diese Maßnahme hatte sich als nötig erwiesen, weil die Sicherheitsleine des Lifebelts zu lang war, und die Männer bei jeder zweiten oder dritten See quer durchs Cockpit geschleudert wurden.
Auch unter Deck war es in den frühen Morgen- und Vormittagsstunden nicht gerade gemütlich. Alle Luken waren fest verschlossen, ebenso der Niedergang. Die Luft stand im Raum und das Schwitzwasser sammelte sich an der Decke und durchfeuchtete Kojen und Schlafsäcke.
Der einzige Lüfter mußte mit Lappen verstopft werden, denn er spuckte unaufhörlich Seewasser, anstatt für frische Luft zu sorgen. Crewmitglied Detlef Jens erinnert sich später an jene Nacht:
»Die Gewalt des Sturmes hörte sich unter Deck fast noch schlimmer an als draußen. Jedesmal, wenn eine See gegen die Außenhaut donnerte oder über Deck brach, gab es einen solchen Lärm, daß sich in mir das Bild eines zornigen Riesen aufdrängte, der das Boot mit Steinen bewarf.«
Nach etwa zehn Stunden hatte der Wind bis auf Stärke 9 bis 8 nachgelassen. Niemand verspürte noch Lust, die verbleibenden 50 Seemeilen bis zum Fastnet-Felsen aufzukreuzen.

Der Kurs wurde auf Land's End abgesetzt, und mit der Sturmfock stieg auch die Stimmung an Bord. Obwohl der Wind nicht mehr mit voller Macht blies, schien auf dem Rückweg die See eher noch zuzunehmen. Die JOLIE BRISE kam in ein Gebiet hoher, steiler und sich brechender Wellen. Jetzt bestand die Gefahr, daß das Schiff aus dem Ruder lief. Das geschah auch prompt – eine gewaltige See schlug über der Yacht zusammen. Glücklicherweise waren Luken und Niedergänge immer noch fest verschlossen, so daß kein Wasser unter Deck drang. Im Laufe des Nachmittags erschien ein Suchflugzeug. Mit Handzeichen wurde angezeigt, daß an Bord alles wohlauf sei. Aus Sicherheitsgründen informierte man das Begleitschiff der Regatta, den holländischen Zerstörer OVERIJSSEL, über UKW vom Abbruch der Regatta. Plymouth wurde ohne ernsthaften Schaden für Schiff und Mannschaft erreicht.

TAI FAT – der Hölle entkommen

Die Yacht TAI FAT befindet sich im Besitz der Hamburger Regatta-Gemeinschaft. Von den rund 45 Mitgliedern hält jeder einen bestimmten Anteil am Schiff. Es ist ein solides, voll eingerichtetes Boot, 1972 nach einem Riß des Dänen Jim Hartwig Andersen in Mahagoni auf Eichenspanten gebaut, zwölf Meter beste dänische Bootsbauerarbeit, wie sie heute selbst für viel Geld kaum noch zu bekommen ist.
Die TAI FAT (dänische Mundart für »Hold Fast«) nahm 1973 erstmals am Fastnet-Rennen teil. Damals startete sie im dänischen Admiral's Cup-Team. Verglichen mit modernen Rennyachten ist sie etwas schwer, aber ihre Eigner – neun von ihnen starteten im Rennen – segeln sie so gut sie können und freuen sich, wenn sie ihrer Konkurrenz mal ein Schnippchen schlagen. Die Erlebnisse der TAI FAT-Crew decken sich im allgemeinen mit denen vieler anderer Yachten in dieser furchtbaren Orkannacht.
»Onkel Erich« Stüwe, der Älteste an Bord, setzte sich unmittelbar nach dem Abenteuer an die Schreibmaschine und schrieb, noch ganz unter dem Einfluß der Ereignisse, seine Erlebnisse an Bord der TAI FAT auf. Zwei Gründe veranlaßten ihn: Einmal mußte er seine Emotionen »abreagieren«, zum anderen wollte er für sich und seine Freunde der Versuchung vorbeugen, sich eines Tages als »Fastnet-Helden« zu sehen und

feiern zu lassen. Seine Zeilen sollten sie alle immer daran erinnern, wie es tatsächlich im August 1979 an Bord der TAI FAT aussah.
Stüwe besitzt den Mut zu bekennen, daß er Angst hatte. Er schreibt: »Wir waren neun Männer, richtige Männer, jedenfalls halten wir uns dafür, jeder sich selbst, aber jeder auch den anderen. Als wir die Hamburger Regatta-Gemeinschaft (HRG) vor neun Jahren gründeten, waren wir uns einig, daß das G für Gemeinschaft der ausschlaggebende Buchstabe sein sollte. Unter diesem Vorsatz gingen wir ins Fastnet-Rennen.
Es ist der besagte Montagabend. Ich habe Freiwache und trotz meines gesunden Schlafs bin ich gegen 23 Uhr plötzlich hellwach. Draußen geschieht etwas Ungewöhnliches. Ein Blick aus dem Luk zeigt mir, daß Rudergänger Dietrich die Pinne kaum noch halten kann. Das aufgefierte Großsegel, durch zwei Reffs gekürzt, peitscht mit der Baumnock durch die See. An Deck werden alle Mann gebraucht. Es dauert eine Ewigkeit, bis wir in den Klamotten sind. Zunächst bergen wir das Großsegel und laschen den Baum im Cockpit fest. Wir fahren vor dem Mast zwei Segel – die Fock und das schwere Stagsegel.
Der Wind ist bereits stärker, als vom letzten Wetterbericht angekündigt. Unter Deck ist alles naß, die Bilge muß alle halbe Stunde gelenzt werden. Gegen drei Uhr morgens müssen wir auch die Fock bergen und rasen jetzt allein unter dem schweren Stagsegel durch die Nacht.
Für keinen von uns ist dies der erste Sturm auf See, und wir alle wissen, daß jeder Sturm einmal vorüber geht. Doch jetzt sind wir erschrocken über den drastischen Fall des Barometers und fragen uns, wo dieser Sturm plötzlich herkommt. Einen wirklich großen Sturm müßte man doch rechtzeitig erkennen. Ich war nie ein guter Wetterfrosch, aber in diesen Stunden schwor ich, mich in Zukunft noch besser mit der Materie vertraut zu machen.
Ganz entgegen allen Erwartungen nimmt der Sturm weiter zu. Plötzlich ein Krachen und Poltern! Der Fußblock des Mittelstags ist gebrochen, und das schwere Stagsegel wird ein Opfer des Orkans. Unter größter Mühe kann das Sturmstagsegel gesetzt werden, unser allerkleinstes Segel. Wir haben es seit ewigen Zeiten nicht gesetzt und niemand weiß, welcher Schotholepunkt richtig ist.

Ich kriege dieses ganze Dilemma in den frühen Morgenstunden unter Deck nur bruchstückweise mit. Scheiß Sturm, Scheiß See! Ich bin nicht seefest genug und fühle, wie es mir im Halse würgt. Über dem Klo liegt ein Haufen Segel, ohne Lifebelt und Schwimmweste an Deck zu krabbeln, scheint mir zu gefährlich. Jetzt kommt es auch schon und ergießt sich über die Bodenbretter, vermischt sich mit Bilgewasser, das schon in die Kajüte schwappt. Also ran an die Pumpe!

Ich habe keinen Mumm mehr, an Deck zu gehen, solange es nicht sein muß. Noch immer bin ich völlig durchweicht, weil der Reißverschluß unter dem Klettverschluß des Ölzeugs nicht zugezogen war. Mir ist arschkalt und elend. An Deck bin ich höchstens ein Risiko.

Meine Freunde sehen, fühlen und wissen, daß es mir dreckig geht – nicht nur mir. Und sie, die jüngeren, seefesten, kräftigeren Segler sparen uns aus, arbeiten für zwei, wachsen über sich selbst hinaus in diesem Sturm, der in den frühen Morgenstunden zum Orkan geworden ist und den unser Windmeßgerät nicht mehr erfassen kann, weil es nur bis 60 Knoten geht (60 Knoten = Windstärke 11 bis 12).

Kann man das überhaupt noch Segeln nennen? Nur mit allem Einsatz läßt sich das Schiff auf Kurs halten. Die Höhe zum Fastnet Rock können wir mit dem Sturmsegel allein nicht mehr anliegen. Wir stehen noch rund 30 Seemeilen östlich des Felsens.

Am Dienstagmorgen gegen 7 Uhr kommt der erlösende Beschluß aller Crewmitglieder, das Rennen abzubrechen. Wir halsen und gehen vor den Wind. Ich hau mich wieder hin. Durch meinen Kopf gehen die wildesten Gedanken. Wie lange macht der Mast das noch mit? Ist nach sechs Jahren intensiven Segelns schon eine Materialermüdung zu erwarten? Ich suche förmlich nach einigen Schwachstellen. Dann wieder denke ich an meine Frau und meine Tochter und bitte Gott insgeheim, er möge mich, wenn schon nicht meinetwegen, so doch ihretwegen, dieser Hölle endlich entkommen lassen.

Inmitten solcher und ähnlicher Gedanken werde ich plötzlich aus der Koje gegen die Decksbalken geschleudert. Von einem Segelsack und dem Körper eines Kameraden torpediert, stemme ich mich mit aller Kraft dem Druck entgegen – um mich wenig später in meiner Ausgangslage wiederzufinden. Das Getöse dieser Sekunden werde ich so schnell nicht mehr

vergessen, auch nicht das Gefühl, daß dies womöglich das Ende sei und meine Bitten und Gebete nicht erhört worden sind.
Aus dem Chaos unter Deck stürzt Niko als erster nach oben und löst Steuermann Birger ab, dem der Schreck ins Gesicht geschrieben steht: ›Jungens, die Palme steht noch!‹ ruft er den Niedergang hinunter.
Michael hat es böse erwischt. Er ist mit dem Kopf gegen harte Teile gestoßen, und meint gar, er habe sich Arme und Beine gebrochen. Er bedarf des Zuspruchs und der Beruhigung. Birger berichtet, die Rettungsinsel hätte sich bei dem Looping selbständig gemacht und sei davongeschwommen. Er selbst wurde von dem gigantischen Brecher vom Ruder gerissen und hat es nur seinem Lifebelt zu verdanken, daß er sich noch an Bord befindet.
Jetzt bringen wir den Treibanker an unserem langen Seeschlepper aus sowie alle verfügbaren Schoten und Leinen. Das Sturmstagsegel wird geborgen und mit knapp drei Knoten Geschwindigkeit treiben wir vor Topp und Takel lenzend vor der gewaltigen See.
Am Nachmittag hat der Wind erheblich nachgelassen, wir ›segeln‹ wieder. Der erste warme Tee macht die Runde, und wir knabbern an durchweichten Keksen. Zwischendurch sehen wir immer wieder andere treibende Yachten, teilweise ohne eine Menschenseele an Deck. Ein Rettungshubschrauber bleibt über uns stehen und will offensichtlich nach dem Rechten sehen. Durch einen aufwärts gekehrten Daumen signalisieren wir unser o. k. Später sehe ich, wie in Lee voraus, dort, wo wir schon seit einiger Zeit einen Mitläufer haben, eine rote Rakete in den Himmel steigt. Ich falle ab und nehme Kurs auf den Havaristen, in der Hoffnung, dort noch Hilfe leisten zu können. Wenig später sind wir bei unserem Mitläufer angelangt, in dessen Nähe ein entmastetes, tief im Wasser liegendes Boot treibt. Im Cockpit ist ein Mann zu erkennen. Gleichzeitig mit uns ist ein Rettungshubschrauber eingetroffen. Aus unserer Stand-by-Position sehen wir, wie zunächst ein Besatzungsmitglied des Havaristen an Bord des Hubschraubers gezogen wird, kurz darauf ein zweiter. Uns durchfährt ein Schock – nur zwei Leute? Dort hätten doch mindestens sechs Leute an Bord sein müssen!«
Die Mannschaft der TAI FAT hat das Schlimmste überstanden. Mit eigener Kraft erreicht sie den Zielhafen Plymouth.

DIE GEBEUTELTEN SCHIFFE

Nacht fiel über die Irische See, auf der unter den schweren Stößen des Sturms die Mannschaften von mehr als 300 Yachten um ihr Leben zu kämpfen begannen. Die Spitze des Feldes, angeführt von den Schiffen der Klasse 0 an der oberen Grenze der Vermessungsformel, hatte den Fastnet-Felsen umrundet. KIALOA, CONDOR OF BERMUDA, TENACIOUS hielten bereits Kurs auf Plymouth, den Zielhafen.
Am Ende des Regattafeldes sah es anders aus. Die kleinen Boote der IOR-Klasse V hatten noch einen langen Weg zur Wendemarke vor sich und steuerten mit Kurs 330 Grad geradewegs auf den gefährlichen Quadranten eines Tiefdruckgebietes zu, von dessen mörderischer Wut sie nichts ahnten, vor dessen orkanartigen Böen sie kein Wetterbericht gewarnt hatte.

GRIMALKIN – siebenmal durchgekentert

Eines dieser kleinen Schiffe war die englische Yacht GRIMALKIN. An Bord befanden sich sechs Mann, die das Schiff sorgfältig auf schweres Wetter vorbereitet hatten. Der Niedergang war geschlossen, alle Luken dicht. Drahtläufer zum Einpicken der Sicherheitsleinen führten bis zum Vorschiff. Die Crew saß in Luv, jeder mit seinem Lifebelt gesichert. Es wehte bereits so hart, daß die GRIMALKIN kein Großsegel mehr tragen konnte und nur unter Sturmfock mit rund sechs Knoten durch die zunehmend sich brechende See taumelte. Steuermann Gerry Winks saß schon seit Stunden an der Pinne, war klitschnaß und völlig erschöpft.
Als Crewmitglied Nick Ward das Ruder übernahm, damit Winks sich

unter Deck trocknen und etwas essen konnte, war auch die Sturmfock geborgen und das Schiff ließ sich unter nackten Masten kaum mehr auf Kurs halten. Entgeistert starrte die Crew auf diese »Häuserblocks von Wasser«, wie Ward sie später nannte. Allen war klar, daß an Regattasegeln nicht mehr zu denken war – jetzt ging es ums Überleben.
Um die kleine Yacht wenigstens mit dem Heck sicher im Wind zu halten, wurden 200 Meter Leine achteraus gesteckt, doch hielt diese Bremse das Schiff nicht sonderlich auf. Es surfte wild die Seen hinunter, der Bug drehte bald nach der einen, bald nach der anderen Seite weg und schnitt immer wieder tief unter. Dabei drohte die GRIMALKIN über Kopf zu gehen. In den frühen Morgenstunden zwischen 3 und 5 Uhr legte sich das Boot wenigstens sechsmal quer zur See und neigte seinen Mast in die davonrauschende Woge. Die Lifebelts der Crew hielten, aber die Männer wurden grün und blau geschlagen.
Beim fünften Niederschlag wurde Ward, der immer noch steuerte, nach Lee über Bord geworfen und verhakte sich mit einem Bein in der Seereling. David und Matthew Sheahan, der Eigner und sein Sohn, zerrten ihn zurück an Deck. Sein Bein schmerzte, es schien gebrochen zu sein.
Skipper Sheahan sah die Zeit gekommen, sich um fremde Hilfe zu bemühen. Er telefonierte seine angenommene Position zum Begleitschiff des RORC MORNINGTOWN durch und bat um Hilfe durch Marine oder Küstenwache. Man versprach ihm, sofort Rettungshubschrauber zu informieren. Derweil hatte Mike Doyle, ein weiteres Mitglied der Crew, versucht, Rotmunition zu schießen. Aber die Raketen verschwanden, vom Sturm davongerissen, schon nach einigen Sekunden in der Gischt. In dem Augenblick, als Sheahan das UKW-Telefon ausgeschaltet hatte und zurück an Deck kletterte, wurde die GRIMALKIN ein weiteres Mal umgeworfen. Sheahan schlug mit dem Kopf gegen etwas Hartes und begann stark zu bluten. Die Crew half ihm unter Deck, wo ein provisorischer Verband angelegt wurde. Dann drängten sich die sechs völlig erschöpften und verwundeten Männer wieder im Cockpit zusammen, in der Hoffnung, sich gegenseitig vor Sturm und Wasser zu schützen.
Mit dem nächsten Knockdown schien das Schicksal der Yacht besiegelt. Ein gewaltiger Brecher rollte das Schiff herum und drehte es kieloben.

David Sheahan wurde von seinem Lifebelt unter Wasser gezogen. Irgendwie gelang es den anderen, die Leine des Ertrinkenden zu lösen. Als sich das Schiff wie durch ein Wunder erneut aufrichtete, trieb der Skipper in der Dunkelheit hilflos davon. Er wurde nie wieder gesehen.
Bei diesem furchbaren Niederschlag war auch der Mast gebrochen. Den fünf Überlebenden gelang es, wieder ins Cockpit zu klettern, wo Nick Ward zusammenbrach und Gerry Winks, gelähmt vor Angst und Verzweiflung, bewußtlos auf ihn rollte. Die Situation schien hoffnungslos.
Das Schiff war zur Hälfte überflutet und im grauen Morgenlicht schien die See noch wilder als zuvor. Einen Mann hatten sie verloren, zwei weitere lagen bewußtlos im Cockpit – die Rettungsinsel war der letzte Ausweg. Winks und Ward schienen dem Tode geweiht, so daß die überlebenden drei Segler das Rettungsfloß flottmachten, an Bord kletterten und von dem sinkenden Schiff abstießen. Es war 8 Uhr am Dienstagmorgen.
Eine Stunde später wurden sie von einem Seaking-Rettungshubschrauber entdeckt. Ein Flieger im Überlebensanzug ließ sich an der Winschleine herab. Der Pilot flog fast blind, denn in der Gischt unter ihm war die Rettungsinsel nur schemenhaft zu erkennen. Doch das Manöver glückte, und wenig später lagen die Überlebenden im Lazarett der Luftwaffenstation Culdrose.
Der Todeskampf der GRIMALKIN war noch nicht beendet. Noch einmal wurde die Yacht kopfüber gerollt. Als Nick Ward sein Bewußtsein wiedererlangte, lag er halb unter Wasser und schlug mit dem Kopf gegen die Bordwand. Er befreite sich und sah vom Cockpit aus seinen Crewkameraden Winks im Wasser treiben. Mit Hilfe einer Winsch und schier übermenschlicher Kraft gelang es ihm, Winks an Bord zu ziehen. Er lebte noch. Mit kräftiger Mund-zu-Mund-Beatmung brachte er seinen Freund wieder zu Bewußtsein. Doch die Verletzung, Kälte und Anstrengung waren zu groß gewesen. Winks konnte noch flüstern: »Wenn du Margaret siehst, sag ihr, ich liebe sie.« Dann starb er.
Nick Ward hatte kaum noch eine Chance. Er befand sich an Bord eines zerschlagenen, halb voll Wasser stehenden Schiffes. Das Funkgerät war ausgefallen, die Rettungsinsel verschwunden, der Sturm hielt unvermittelt an, neben ihm lag sein toter Freund und sein gebrochenes Bein

bereitete höllische Schmerzen. Aber in dem jungen Mann glimmte der Wille zum Überleben. Der Schock über Winks Tod und der Gedanke, daß ihn seine Freunde verlassen hatten, konnten ihn nicht umwerfen. Er zwängte sich in eine der vom Seewasser durchweichten Kojen und versuchte, etwas Ruhe zu finden.

Gegen 18 Uhr hörte er ein Flugzeug dicht über sich. Inzwischen hatte der Wind nachgelassen, aber immer noch ging die See hoch. Bevor er an Deck kam, war das Flugzeug wieder verschwunden. Er beschloß daher, im Cockpit zu bleiben und dort zu warten.

Bald erschien eine andere Yacht in der Nähe. Mit letzter Kraft blies er ins Nebelhorn und erregte die Aufmerksamkeit der Besatzung des fremden Schiffes, die endlich Hilfe herbeirief. Kurz vor Dunkelheit erschien von Osten rasch ein Helikopter, der auf ihn zuhielt. Ein Mann wurde herabgelassen und begann zunächst mit der Bergung des Toten. Als die Reihe an ihm war, meinte Ward, offensichtlich unter Schock: »Ich muß noch schnell meine Sachen unter Deck holen.« Aber der Flieger sagte, dafür sei es nun zu spät, das Schiff sinke bereits. Weinend wurde Nick Ward an Bord des Hubschraubers gezogen. Es war das Ende seiner ersten Fastnet-Regatta.

Der Fastnet-Orkan hatte mit der GRIMALKIN ein Schiff getroffen, das zwar relativ klein ist, von der Bauweise und der Ausrüstung jedoch allen nur denkbaren Sicherheitsvorkehrungen entsprach. Eigner David Sheahan, von Beruf Buchhalter, hatte sich lange vor Beginn der Regatta mit der seinem Beruf eigenen Gründlichkeit vorbereitet. Zwar herrschten in den vergangenen zwei Fastnet-Rennen leichte Winde vor, aber der Begriff Fastnet erweckte bei allen, die sich mit der Hochseesegelei auskennen, schon immer einen Beigeschmack von Sturm und schwerer See.

Sheahans Vorbereitungen waren um so gründlicher, als dies sein erstes Fastnet Race war, bei dem er nichts dem Zufall überlassen wollte.

In einem sechs Seiten langen Bericht, den er seinen Crewmitgliedern vor der Regatta zuschickte, versuchte Sheahan die Durchführung des Unternehmens zu erklären, die Ausrüstung zu beschreiben und die Aufgaben an Bord zu verteilen.

Bei dem Schiff handelte es sich um eine bei der berühmten englischen Werft Camper & Nicholson in Serie gebauten Kunststoff-Sloop von

Unter kahlen Masten läuft die JOLIE BRISE *(1) vor Sturm und schwerer See ab.*
Die Hamburger Yacht RUBIN *(2) unter Radial-Spinnaker und gerefftem Großsegel. Der Steuermann hat beide Hände voll zu tun, um das Schiff bei steifer Brise auf Kurs zu halten.*
Die DOROTHEA *(3) ist ein besonders kräftig gebautes Aluminium-Schiff. Sie überstand Fastnet mit einigen zerrissenen Segeln und tiefen Beulen im Unterwasserbereich.*
Im Fastnet-Rennen verlor die TAI FAT *(4) der Hamburger Regatta-Gemeinschaft ihre Rettungsinsel. Das Hamburger Schiff ist ein Cup-Veteran und segelt seit 1973 regelmäßig vor England.*
Die HAMBURG X *(5) blieb das einzige mit einem Preis ausgezeichnete deutsche Schiff. An Bord gab es im Fastnet-Rennen keinen nennenswerten Schaden.*
Nachdem sich der Sturm gelegt hatte, baute man an Bord der TINA *(6) mit Hilfe des Spinnakerbaums ein Notruder. Navigator Görge Grotkopp blickt voraus, Skipper Thomas Friese auf seine Erfindung.*
Unter Motor, mit einem als Notmast aufgestellten Spinnakerbaum, traf die JAN POTT *(7) in Plymouth ein. Stolz weht die Rennflagge der Flensburger Yacht über Deck.*
Die TINA*-Crew (8) unmittelbar nach der Ankunft im Nothafen Crosshaven in Irland. Von rechts: Michael Krebs, Konstrukteur Douglas Peterson, der Autor und David Griffith.*
In einer Sturmregatta im Solent verlor die ROLAND VON BREMEN IV *(9) ihren Mast. Er brach in drei Teile und richtete ein völliges Durcheinander an Deck an. Glücklicherweise kam niemand zu Schaden.*
Die JAN POTT *(10) nach der Durchkenterung, ohne Rigg und Seezaun.*

1

2

3

4

5

8

9

LONDON
JAN POTT
FSC

CAMARGUE
B.Y.C

ROYAL NAVY
DANGER

14

15

16

17

GRIMALKIN
SOUTHAMPTON
RAFYC

Unter Sturmfock, mit achteraus gegebenen Leinen, treibt die CAMARGUE *(11) steuerlos in der See. An Bord befindet sich nur noch ein Mann, die anderen sind schon gerettet worden.*
Ein Wessex-Helikopter nähert sich der CAMARGUE, *um den letzten Mann abzubergen (12). Wegen des gefährlich schlagenden Mastes muß der Skipper über Bord springen und sich aus dem Wasser holen lassen.*
Ein Retter wird aus dem Hubschrauber abgeseilt, um Frank Ferris, den Eigner der ARIADNE, *aus dem Wasser zu holen (13). In diesem Augenblick lebte Ferris noch. Er starb wenige Minuten später beim Transport ins Krankenhaus an Unterkühlung und Erschöpfung.*
Vom Hubschrauber abgeseilt, schwimmt der Winschmann in der See (14) und legt dem Skipper der CAMARGUE *einen Rettungsgürtel an, um sich gemeinsam mit ihm aufholen zu lassen.*
Verlassen und mit heruntergerissenem Rigg treibt die ARIADNE *(15) in der See. Sie konnte später in Schlepp genommen und nach Penzance gebracht werden.*
Ein Toter, dessen Schwimmweste auf den Rücken gerutscht ist, wird von der Hubschrauber-Crew (16) aus dem Wasser geborgen.
Das blieb von der GRIMALKIN *übrig (17), eine Segelyacht ohne Rigg. Als der Winschmann die* GRIMALKIN *verließ (18), war sie halb mit Wasser gefüllt – aber sie schwamm noch.*
Das Ende einer Tragödie. Als letzter Mann wird Nick Ward von der Hubschrauber-Besatzung aus dem zerstörten Cockpit der unglücklichen GRIMALKIN *(19) abgeborgen.*

30 Fuß Länge (ca. 10 Meter). Die Linien zeichnete Ron Holland, einer der erfolgreichsten Yachtkonstrukteure der Zeit, der selbst auf einem anderen Schiff am Fastnet-Rennen teilnahm und in Seenot geriet. An Bord befand sich eine kurz zuvor überholte, automatisch aufblasbare Gummi-Rettungsinsel, Rotschußmunition, reichlich Proviant und genug Diesel, um die Maschine zum Laden der Batterien mindestens 24 Stunden lang laufen lassen zu können.

In dem Bericht hieß es außerdem: »Die Versicherung für Boot und Inhalt (d. h. Mannschaft) ist für diese Regatta erweitert worden, da sie über unseren normalen Fahrtenbereich hinausgeht.« Obwohl der Veranstalter für Yachten dieser Größe kein UKW-Telefon vorschreibt, befand sich ein leistungsfähiges Gerät an Bord. Deutlich wies der Skipper darauf hin, daß unter der Mannschaft kein Arzt sei und jeder eventuell notwendige Medikamente für sich selbst mitzubringen habe.

Dieser Hinweis hatte einen besonderen Grund, denn Sheahan wußte, daß es in diesem Punkt gewisse Schwierigkeiten gab. Gerry Winks, der zweite Mann nach dem Skipper, litt unter Arthritis und Nick Ward, der sich um die Einstellung der Segel kümmern sollte, war Epileptiker. Beides waren keine schweren Fälle, aber immerhin hatte der Arzt dem erst 35jährigen Winks geraten, besser nicht zu segeln. Dieser Hinweis wurde ignoriert. Winks war vom Segeln besessen, und beim Abschied hatte er seiner Frau gesagt: »Dieses Fastnet ist entweder der Anfang oder das Ende. Hinterher werde ich wissen, ob ich ein Regattasegler bin oder nicht.«

Nick Ward (24) litt im Alter von 16 Jahren unter einer Nervenstörung, die ihn zeitweilig zum Teil lähmte. Mit Hilfe regelmäßig genommener Medikamente konnten seine Anfälle unter Kontrolle gehalten werden. Was blieb, war lediglich ein taubes Gefühl in seiner linken Körperhälfte. Das Schicksal meinte es gut mit ihm. Er überlebte das Rennen.

Nachdem Nick Ward und die Leiche von Gerry Winks vom Deck der GRIMALKIN geborgen worden waren, flog die Wessex zurück zum Stützpunkt Culdrose. Ward wurde noch auf dem Flugfeld in einen Krankenwagen gebracht und ins Treliske Hospital nach Truro gefahren. Bei einer gründlichen Untersuchung stellte sich heraus, daß er geschwächt und unterkühlt, sein Bein aber lediglich geprellt und nicht gebrochen war.

Stabsarzt C. W. Millar von Culdrose rief Wards Eltern an und erlöste sie von der Qual des Wartens mit der glücklichen Mitteilung, daß ihr Sohn am Dienstag als 122ste Person aus der Irischen See gerettet worden sei.
Das letzte, was die Eltern Wards von der GRIMALKIN gehört hatten, war eine Nachricht von David Sheahans Frau am Montagabend gewesen, an Bord sei alles wohlauf.
In der Nacht hatte der Sturm auch am Haus der Wards in Southampton derartig gerüttelt, daß sie kein Auge zumachen konnten. Die ersten Nachrichten am Morgen sprachen von Kenterungen und Toten im Fastnet-Rennen. Dennoch ging Frau Ward wie üblich zur Arbeit und ließ ihren pensionierten Ehemann angstvoll am Radio lauschend zurück.
Um die Mittagszeit läutete das Telefon. Am anderen Ende der Leitung meldete sich John Clothier, Rear-Commodore des RORC, und teilte dem verzweifelten Vater mit, daß eine Rettungsinsel mit drei Überlebenden der GRIMALKIN gefunden worden sei, ihr Sohn jedoch nicht dabei wäre.
Ward holte sofort seine Frau aus dem Büro ab und gab die schreckliche Nachricht über Telefon an seinen zweiten Sohn und die Tochter weiter. Alle gemeinsam setzten sich zusammen und überlegten, was es für sie zu tun gäbe.
Sämtliche Telefonleitungen des RORC und des Royal Western Yacht Club in Plymouth waren besetzt. Wards Bruder, der in Plymouth lebt, machte sich auf zum Hafen, konnte aber auch nichts Neues erfahren, das über den Verbleib von Nick etwas aussagte. Erst der Anruf aus Culdrose erlöste die Familie aus der Verzweiflung.
Die Eltern stiegen sofort ins Auto und fuhren nach Truro, wo sie ihren Sohn überglücklich aus dem Krankenhaus abholen konnten. Nick Ward hatte in der Zwischenzeit viel Besuch gehabt. Der Bischof von Truro war an sein Bett gekommen, ein Reporter des International Herald Tribune, ein Abgeordneter der Seemannsmission, Mike Doyle, sein Crewkamerad, und Margaret Winks. Der letzte Besuch war für Ward der schwerste, denn er mußte der Witwe seines Freundes von den letzten Augenblicken ihres sterbenden Mannes erzählen und den Abschiedsgruß ausrichten, den er ihm mitgegeben hatte.
Das Verhältnis zu seinen Crewkameraden, die ihn auf dem vermeintlich sinkenden Schiff zurückgelassen hatten, stand zunächst unter einer

starken Spannung, die jedoch im Gespräch über gemeinsame zukünftige Segelpläne bald nachließ. »Ich weiß nicht«, sagte Ward später, »ob ich nicht in ihrer Lage ähnlich gehandelt hätte.«

Einige Tage nach der Entlassung aus dem Krankenhaus machten Ward und Matthew Sheahan eine Reise nach Irland, um nach der GRIMALKIN zu sehen, die von einem Trawler gefunden und nach Baltimore geschleppt worden war.

Als der Autobus über den letzten Hügel vor dem Hafen kletterte und sie die GRIMALKIN plötzlich als kleinen Flecken in der Ferne erkannten, wurden sie sehr unruhig. Der Fahrer fragte sie, ob sie zur Crew des wracken Schiffes gehörten, und sie bejahten dies.

»Nun«, sagte er, »das laßt man keinen hören, sonst möchte euch jeder in der Stadt zum Drink einladen!« In aller Stille räumten sie das Schiff auf und sprachen schon von künftigen Reisen und Regatten.

Ein Mann, der nicht verzieh, war Stanley Ward, der Vater von Nick. Obwohl er den Wunsch des Sohnes respektierte, seinen Freunden zu vergeben, machte er ganz deutlich, daß er dieses Verhalten für unseemännisch hielt. In einem ausführlichen Brief bedankte er sich bei den Eltern von Peter Harrison, jenem jungen Fähnrich, der sich unter Lebensgefahr vom Hubschrauber abgeseilt hatte, um Nick zu retten. Stanley Wards Brief endet mit den Worten: »Es scheint mir, daß es trotz der Untergangsstimmung, die in unserem geliebten Lande zu herrschen scheint, eine große Hoffnung für die Zukunft gibt, solange junge Männer wie Ihr Sohn und, vielleicht mein Nicholas, bei uns wachsen und gedeihen.«

Der Untergang der GRIFFIN

Eines der fünf Schiffe, die im Fastnet-Rennen sanken, war die Clubyacht GRIFFIN des Royal Ocean Racing Club – also im Besitz des Veranstalters. Schon einmal war eine GRIFFIN im Unglück gewesen. Während der Cowes Week 1973 rammte die deutsche Yacht JAN POTT die damalige GRIFFIN mittschiffs mit solcher Wucht, daß nicht nur das gesamte Rigg von oben kam, sondern Rumpf und Deck eingedrückt wurden. Zum Glück gab es damals keine Toten oder Verletzten.

Die neue GRIFFIN war ein Schiff vom Typ 00D 34, eine Serienyacht von elf Metern Länge, von dem es eine ganze Anzahl im Rennen gab. Die Yacht wurde von einer gewaltigen See umgeworfen und einmal um ihre Längsachse gedreht. Der Skipper war Neil Graham, sein zweiter Mann Stuart Quarrie, von Beruf Segellehrer vom National Sailing Centre, Cowes. Dazu kamen noch ein Bootsmann und vier Schüler, die über keine große Erfahrung im Hochseesegeln verfügten.

Kurz vor Mitternacht, während unter Deck der Seewetterbericht abgehört wurde, war Quarrie an Deck damit beschäftigt, ein drittes Reff ins Großsegel zu binden. Einer der Schüler rief ihm zu, Windstärke 10 sei angesagt. »Ich dachte, der will mich auf den Arm nehmen«, erzählte Quarrie später. Aber die Windgeschwindigkeit lag bereits bei 50 Knoten. Graham und Quarrie fanden, daß die Nähe der felsigen irischen Küste nicht der richtige Ort sei, einen Sturm mit Windstärke 10 abzuwettern. Sie entschlossen sich etwa 50 Seemeilen vor Fastnet, das Rennen aufzugeben, um auf neuem Kurs genügend Seeraum zu gewinnen.

Um 1 Uhr am Dienstagmorgen waren alle Segel geborgen, aber die GRIFFIN machte noch immer hohe Fahrt. Quarrie saß am Ruder und versuchte, die auflaufenden Wellen schräg von achtern zu nehmen: »Da sah ich eine besonders schlimme See herankommen. Sie war wohl eineinhalb- bis zweimal so hoch wie die übrigen, und ihre Front stieg nahezu senkrecht vor uns auf. Sie kam außerdem in einem anderen Winkel auf uns zu. Ich glaube, sie traf unser Heck zuerst.«

Quarrie wurde nach vorn geschleudert, und der Ruck an seiner Rettungsleine war derartig hart, daß der Karabinerhaken aufbog. Panik erfaßte ihn. Er lag im Wasser und zu seinem Schrecken mußte er erkennen, daß von der Yacht nur noch Rumpf und Kiel zu sehen waren. Die GRIFFIN schwamm durchgekentert in der aufgewühlten See.

Die Rettungsboje am Heck hatte sich entzündet. Drei Mann der Crew hatten mit ihm im Cockpit gesessen. Sie hingen noch immer dort, in einer Luftblase unter dem Schiff. Quarrie hielt sich am Heck fest. »Es schien eine Ewigkeit zu dauern, bevor etwas geschah. Nach ungefähr 30 Sekunden richtete sich das Boot langsam auf. Neil war über die Seite hereingeklettert, genauso wie man es bei einer gekenterten Jolle macht.«

Die beiden anderen Jungen saßen geschockt, aber sicher im Cockpit.

Auch die drei Mann unter Deck waren in Ordnung. Einer hatte voll bekleidet in der Koje gelegen, ein zweiter zog sich gerade um und hatte zum Zeitpunkt der Kenterung nur ein T-Shirt an. Ohne Licht dort unten, verlor er in dem Durcheinander völlig die Orientierung und lief auf dem Kabinendach herum, weil er dachte, es sei der Fußboden. Auf der Suche nach dem Niedergang stieß er sich den Kopf an der Verkleidung der Maschine.

Bisher war das Schiff zwar feucht, aber sicher gewesen, nun stand es halb voll Wasser. Mit jeder See kam neues hinzu, denn die Bretter des Waschbords vom Niedergang waren bei der Kenterung herausgefallen. Das Boot lief so schnell voll Wasser, daß Pumpen zwecklos schien. Allen war klar, daß sie ihre Yacht verlassen mußten.

Einer der Schüler tauchte in die Kabine hinunter und brachte Notraketen mit zurück. Die Rettungsinsel blies sich auf, eine rote Rakete wurde abgeschossen, und schon stießen sie ab.

Der rote Schein der Rakete war nur wenige Augenblicke zu sehen. Dennoch bemerkte man den Hilferuf an Bord der französischen 11-Meter-Yacht LORELEI, die sofort abdrehte und Kurs auf den Havaristen nahm. Es dauerte noch über eine Stunde, bis die Rettungsinsel mit den Überlebenden gefunden war. Keine 50 Meter vom Rendezvous entfernt, wurde die LORELEI selber derartig in die See gedrückt, daß alle Instrumente im Masttopp verbogen. Dennoch gelang es ihrer Besatzung, die Männer der GRIFFIN zu übernehmen.

Das Unglücksschiff wurde nicht mehr wiedergesehen. Es gehört zu den wenigen Totalverlusten des Rennens und muß schon bald nach der Aufgabe gesunken sein.

ARIADNE – die letzte Chance verpaßt

In jener Nacht vom 13. auf den 14. August und dem darauffolgenden Tag gab es Mannschaften, die allein mit ihren Problemen fertig wurden, es gab solche, für die kam jede Hilfe zu spät, und es gab Schiffbrüchige, die im sicheren Anblick der Rettung noch scheiterten. Der tragischste Fall betraf die amerikanische Yacht ARIADNE.

Für ihren Eigner Frank Ferris, der mit 61 Jahren bereits ein Alter erreicht hatte, in dem das Hochseesegeln besser etwas ruhiger angegangen werden sollte, bestand 1979 die vermutlich letzte Chance, an dieser berühmten Regatta aktiv teilzunehmen. Realistisch genug sah er ein, daß derartige Anstrengungen in einem höheren Alter unverantwortlich sind.

Die ARIADNE war 1970 nach einem Riß von Dick Carter in verleimtem Sperrholz in Schottland gebaut worden, 35 Fuß (knapp 12 Meter) lang, und hatte in Ost- und Nordsee unter ihrem segelbegeisterten Eigner schon viele Regatten gesegelt. Dafür war das Schiff mit den besten Beschlägen und Segeln ausgerüstet.

An Bord befanden sich in jener schicksalsvollen Nacht außer dem Eigner noch Robert Robie (63), Repräsentant einer amerikanischen Ölfirma in London, sowie die Engländer Matthew Hunt (19), Rob Gilders (23), David Crisp (32) und Bill Le Fevre (43). Einschließlich des Skippers verfügte jeder von ihnen über eine ganze Portion Erfahrung im Segeln, obwohl keiner je an einer Fastnet-Regatta teilgenommen hatte.

Wie auf jedem anderen Schiff bereitete man sich auch an Bord der ARIADNE am Abend des Montag auf schlechtes Wetter vor. Ölzeug und Rettungswesten waren angelegt, die Lifebelts an sicherer Stelle eingepickt. Bill Le Fevre wurde in der unruhigen See bald seekrank.

Als die ersten Orkanböen über dem Regattafeld wüteten, riß das Großsegel der ARIADNE in voller Länge entzwei, so daß die Yacht unter gereffter Genua 3 allein vom Sturm vorangeprügelt wurde. Der Mannschaft war sehr bald klar, daß unter dieser Besegelung die Höhe nicht zu erreichen war, mit der sie Fastnet Rock ansteuern mußten. Wie auf allen anderen Schiffen, so stand auch auf der ARIADNE das elektronische Windmeßgerät bei 60 Knoten: voller Orkan.

Der Entschluß, in den Nachtstunden die Regatta abzubrechen, war allen einsichtig. Genua 3 wurde gegen Genua 4 ausgewechselt und ein Kurs vor dem Wind gesucht. Aber auch diese Besegelung erwies sich als zu groß, und so trieb die ARIADNE bald unter kahlen Masten vor dem Sturm dahin.

Die größte Gefahr drohte der Yacht zunächst nicht durch die schwere See und den anhaltenden orkanartigen Wind. Vielmehr steuerte die ARIADNE jetzt auf Gegenkurs mitten in eine Gruppe der noch im Rennen befindlichen Konkurrenten hinein. Immer wieder tauchten voraus rote und

grüne Positionslichter auf, und nur mit Mühe entging das nahezu steuerlose Schiff mehrfach einer Kollision.
Der Gewalt von Wind und See hatten Boot und Mannschaft nichts entgegenzusetzen. Wie ein Korken taumelte die Sloop vor der brechenden See, bis auch die ARIADNE das Schicksal so vieler anderer Schiffe ereilte. Ein mächtiger, in der Dunkelheit erst im letzten Augenblick erkennbarer Brecher türmte sich hinter dem Heck auf, schob das Schiff 30, 40 Meter weit vor sich her und schlug dann mit vernichtender Gewalt über der vollen Schiffslänge zusammen. Der Mast tauchte in der finsteren See unter, und als sich das Schiff nach einer 360-Grad-Drehung wieder aufrichtete, war er verschwunden.
An Deck hielten sich zu diesem Zeitpunkt Crisp und Gilders auf. Beide wurden über Bord gerissen, konnten sich aber, da sie mit ihrem Lifebelt gesichert waren, wieder zurück an Bord ziehen. Unter Deck waren die Männer aus ihren Kojen geschossen. Dabei hatte Le Fevre, durch seine Seekrankheit ohnehin geschwächt, eine schwere Kopfverletzung erhalten. Mit Eimern ging man dem Seewasser in der Kajüte zuleibe, bis sich der Wasserstand so weit gesenkt hatte, daß der Griff der Pumpe aus der Brühe auftauchte. Jetzt konnte mit aller Kraft gelenzt werden.
Mit dem ersten Grau des Tageslichts hob sich auch die Stimmung der Mannschaft. Doch sie freute sich zu früh. Mit einem überraschenden Ruck wurde die ARIADNE noch einmal um ihre Längsachse geworfen. Das Schiff überschlug sich zum zweitenmal. An Deck saßen diesmal Crisp und Robie. Noch einmal zog sich Crisp an seiner Rettungsleine zurück ins Cockpit. Robie jedoch, obwohl eingepickt, wurde losgerissen und trieb davon. Die Mannschaft sah ihn noch einmal mit erhobenen Armen auf dem Kamm einer schäumenden See, etwa 30 Meter entfernt. In ohnmächtiger Verzweiflung reckten sich auch ihre Hände zum Himmel. Für Robie gab es keine Chance. Die ARIADNE hatte ihren ersten Mann verloren.
Im Dämmerlicht des Morgens enthüllte sich der ganze Schrecken der See vor der völlig niedergeschlagenen, durchnäßten und frierenden Mannschaft. Mast und Segel waren verschwunden, das Wasser stand wieder bis an den Kojenrand, ein Crewkamerad tot.
Frank Ferris entschied sich, das Schiff zu verlassen. Niemand wider-

sprach ihm. Die Leine der Rettungsinsel wurde gezogen, das Floß blies sich prompt auf, und wenig später trieben die Überlebenden frei von dem Unglücksschiff in der tosenden See. Etwa zwei Stunden später entdeckte Gilders die Umrisse eines Schiffes. »Ich sehe ein Motorschiff!« rief er seinen Kameraden zu. Es war das deutsche Kümo NANNA, das die Schiffbrüchigen entdeckt hatte.

Genau in diesem Augenblick kenterte die Rettungsinsel. Vielleicht war es eine besonders hohe Welle, die das Floß getroffen hatte, vielleicht kam es zu einem Durcheinander im Angesicht der nahenden Rettung. Zwar trieb die Insel nun mit dem Boden nach oben, aber alle fünf konnten sich zunächst an den Gummiwülsten festhalten.

Die NANNA beschrieb einen Bogen und legte sich in Luv der Schiffbrüchigen, um ihnen Wind- und Seeschutz zu bieten. Gilders klammerte sich als erster an die vom stählernen Schiffsrumpf herunterhängende Jakobsleiter. Er zog sich hinauf über die Reling und fiel erschöpft in die Arme seiner Retter.

Als nächster versuchte es Ferris. Doch trotz der geringen Entfernung fehlte ihm die Kraft, die Leiter zu erreichen und sich festzuhalten. Die See riß ihn davon, und er wurde nicht mehr gesehen.

Die NANNA nahm wieder Fahrt auf und drehte einen zweiten Bogen. Matthew Hunt hatte sich auf den Boden der Insel gezogen, und gerade, als er nach der rettenden Leiter greifen wollte, neigte sich die NANNA in einem Wellental nach Luv und die rettenden Sprossen stiegen in unerreichbare Höhe. Fast wäre das Floß am Rumpf des Kümos zerschellt.

Während die NANNA einen dritten Bogen beschrieb, hakten sich die drei Überlebenden mit ihren Sicherheitsleinen an der Insel fest, damit sie nicht fortgerissen würden. Endlich war die NANNA wieder heran. Aufgeregt schrie die Besatzung: »Springt! Springt! Das ist die letzte Chance!« Hunt löste seine Sicherheitsleine und im nächsten Augenblick sprangen er und Crisp gemeinsam. Hilfreiche Hände streckten sich Hunt entgegen, doch als er sich umsah, gefror ihm das Blut in den Adern. Crisp hatte bereits die Hälfte der Leiter erklommen, als die NANNA wieder eine harte Rollbewegung machte. In der Aufregung hatte er vergessen, seine Rettungsleine vom Floß zu lösen. Die Leine spannte sich und er wurde von der abtreibenden Rettungsinsel zurück in die See gerissen. Le Fevre,

Crisp und die Rettungsinsel wurden in den Propellerbereich unter das Heck der NANNA gesogen. Sie tauchten nicht wieder auf.

Nach Matthew Hunts glücklicher Rettung durch die NANNA gelang es ihm, seine Mutter über UKW zu erreichen. Mrs. Hunt war halb tot vor Angst, denn im Fastnet-Sturm segelte nicht nur ihr 19jähriger Sohn, sondern auch ihr Mann, der zur Besatzung des Begleitschiffes des RORC MORNINGTOWN gehörte.

Am Mittwochmorgen erfuhr Matthew Hunt, was er vermutet hatte – Frank Ferris war gestorben. Das Foto von dem treibenden Mann in der See, der die Hände wie zum Gebet über seiner aufgeblasenen Schwimmweste gefaltet hatte, ist als Titelbild durch die Spalten der Weltpresse gegangen.

Ferris atmete noch, als er an Bord des Hubschraubers kam, aber seine Augen waren schon verdreht. Trotz ständiger künstlicher Beatmung starb er auf dem kurzen Flug ins Krankenhaus von Teliske. Fünf Stunden lang hatte er im Wasser ausgehalten. Nachdem die ARIADNE zunächst für gesunken gehalten wurde, erschien sie doch bald wieder im Schlepp eines Trawlers im Hafen von Penzance. Dort lag sie drei Monate lang, bevor sie aus dem Wasser geholt und über Land nach Plymouth zum Verkauf gebracht wurde.

Die Leichen einiger Toter des Fastnet-Rennens fand man später in Fischernetzen vor der Irischen Küste und vor Cornwall auf. Bob Robie und Bill Le Fevre wurden jedoch ebensowenig gefunden wie die Leiche von David Sheahan, dem Eigner der GRIMALKIN.

TROPHY – auf die Rettungsinsel geflüchtet

Von allen Mannschaften, die den Fastnet-Orkan in seinem ganzen Schrecken durchlebten, gab es eine Crew, die am furchtbarsten betroffen war. Ihr Schiff hieß TROPHY, ein Eintonner, gebaut nach Linien der angesehenen englischen Konstrukteure Holman & Pye – ein Serienschiff vom Typ Oyster 37. Ihr Eigner Alan Bartlett, Besitzer eines Pubs im Norden Londons, segelt seit mehr als 20 Jahren und hat auch schon an einer Fastnet-Regatta teilgenommen.

1978, am Ende ihrer ersten Regattasaison, wurde die TROPHY von einer

Werft gründlich überholt und der Rumpf an mehreren Stellen verstärkt, denn es hatten sich Anzeichen von Materialermüdung gezeigt. Dafür befand sich die Yacht zu Beginn der Saison 1979 in hervorragendem Zustand. Bartlett und seine Crew von sieben Mann, die schon oft miteinander Regatten gesegelt hatten, gewannen im Frühjahr die Regatta von Harwich nach Ostende unter 90 Konkurrenten, taten sich aber in der stürmischen Cowes Week sehr schwer. »Wir haben schlecht gesegelt«, sagte Barlett hinterher. »Von allen Regatten wurden nur zwei beendet.« Aber Fastnet war die Regatta, auf die sich alle gefreut hatten, und um so gründlicher waren die Vorbereitungen.

Proviant und Ausrüstung wurden noch einmal geprüft, die Rettungsinsel vom Typ Beaufort war erst vor einem Monat kontrolliert worden. Bei der Durchsicht des Schiffes war festgestellt worden, daß der Sitz, unter dem die Rettungsinsel lag, irrtümlich angeschraubt war. Die Schrauben wurden herausgedreht und durch Bolzen ersetzt, die mit einem Splint gesichert waren. So war die Rettungsinsel im Notfall leichter zugänglich.

Schon ging es los. TROPHY hatte einen ausgezeichneten Start und kreuzte bald bei mäßiger Brise in den Kanal. Dichter Nebel schloß das Feld am nächsten Tag ein. Die TROPHY-Crew sah gelegentlich einen Konkurrenten in der Nähe und passierte in dichtem Abstand einen Hochseeschlepper, der Teile einer Ölbohrinsel zog.

Wie so viele Schiffe ihrer Klasse, fand sich die TROPHY am Montag in aller Frühe vor Land's End, bei flauem Wind von einer mächtigen Dünung durcheinandergeschüttelt. Der Wetterbericht warnte vor Windstärke 6 bis 8, eintreffend am Abend. Doch wer in der Flaute liegt, durch das Schlagen der Segel entnervt, gewinnt jeder Windmeldung etwas Gutes ab, und Windstärke 6 bis 8 hatte man auf der TROPHY oder einer ihrer Vorgängerinnen des öfteren abgeritten.

Mit einem kräftigen Eintopf stärkte sich die Crew für kommende Unbilden. Zum Nachtisch gab es Ananas aus der Dose und wer wollte, bekam auch noch ein Stück Käse zum Abschluß.

Dreieinhalb Stunden lag die TROPHY vor Land's End in völliger Flaute und trieb langsam auf die schroffen und hohen Felsen zu. Endlich traf der erwartete Wind ein. Der Spinnaker ging hoch, und das Boot nahm schnell Fahrt auf. Bald war der Spinnaker nicht mehr zu tragen und

mußte durch einen Sturmspinnaker ersetzt werden, der dann auch geborgen wurde.
Zum Kochen war es bereits zu ungemütlich. Belegte Brote und kaltes Schweinefleisch waren Ersatz für ein warmes Mahl. Noch stand alles zum Guten.
Als es dann langsam dunkel wurde, sah die Situation schon ganz anders aus. Unter Genua III allein brauste die TROPHY mit knapp zehn Seemeilen Fahrt durch die aufgewühlte See. Die Seekrankheit fand ihre ersten Opfer. Schlaf in den Kojen zu finden, war so gut wie unmöglich. Auch an Bord der TROPHY hatte die Crew Schwimmwesten angelegt und sich an Deck mit Lifebelts gesichert.
Gegen 23 Uhr entdeckte Skipper Bartlett den Schein einer roten Seenotrakete. Er nahm eine Peilung und drehte augenblicklich ab, um den Kameraden in Seenot zu helfen. Uhrzeit und Position wurden ins Logbuch eingetragen, um es später der Wettfahrtleitung für eine eventuelle Zeitvergütung vorlegen zu können. Der Sturm wehte bereits die Gischt von den Wellenkämmen.
Es dauerte noch gut eine Stunde, bis TROPHY unter Maschine den Havaristen, eine entmastete, weiße Sloop, erreicht hatte. Trotz des Mastbruchs schien kein Menschenleben in Gefahr, dennoch blieb TROPHY, jetzt mit Simon Fleming am Ruder, in der Nähe. Ebenfalls auf stand-by war die MORNINGTOWN, ein 39-Fuß-Motorsegler, das offizielle Begleitschiff des veranstaltenden Royal Offshore Racing Club. Wie bei fast allen anderen Booten traf erst jetzt die Sturmwarnung der BBC ein, die von Windstärke 10 sprach.
An Deck der entmasteten Yacht schien man sich darauf vorzubereiten, in die Rettungsinsel zu gehen. Da wurde MORNINGTOWN, die wild in der See hin und her rollte und sich kaum bei dem Havaristen halten konnte, von einer zweiten Seenotrakete alarmiert. Man hielt den ersten Havaristen durch die TROPHY für gut beschützt und drehte ab, zu dem neuen Seenotfall.
Unglücklicherweise rutschte dabei die Ruderkette vom Quadranten, so daß die Yacht nun selbst zur Hilflosigkeit verdammt, steuerlos in der See trieb. Es dauerte eine Weile bis der Schaden behoben war. Plötzlich sahen die Repräsentanten des RORC, wie ganz in der Nähe eine entma-

stete Yacht vorbeitrieb, längsseits eine Rettungsinsel im Wasser. Sollte hier noch eine Yacht in Schwierigkeiten sein? Wie furchtbar war die Überraschung, als sie entdeckten, daß dieses unvermutet auftauchende Wrack die TROPHY sein mußte – eben war sie noch einem anderen Schiff zur Rettung geeilt, nun kämpfte man dort selbst ums Überleben. Lebten die Männer überhaupt noch?

Was war geschehen? Gerade als Skipper Bartlett seinen Crewkameraden zurief: »Laßt uns bloß hier abhauen!« schlug die See zu. Ein gewaltiger Brecher stürzte aus der Finsternis über sie her und überrollte das Schiff. Nach einer 360-Grad-Drehung richtete es sich auf der anderen Seite entmastet wieder auf. Irgend jemand schrie um Hilfe. Das Ruder war gebrochen. Dann schlug die zweite See zu. »Ich habe nichts gesehen«, berichtet Bartlett, »ich weiß nur, daß ich plötzlich wieder unter Wasser war.«

Die Maschine lief nicht mehr. Durch eine winzige Öffnung zwischen Luke und Waschbord war eine halbe Tonne Wasser eingedrungen. Die See hatte nicht nur Bartlett, sondern noch drei weitere Crewmitglieder über Bord geworfen. Das eiskalte Seewasser drang ihnen durch Kragen, Ärmel und Hosenbeine an den Körper. Die vollgesogene Kleidung lähmte ihre Bewegungen. Es gab kein Überlegen mehr, es gab nur noch Handeln – Handeln, um das eigene Leben zu retten. Auch wenn es aussichtslos schien.

Sie wissen nicht wie, aber Robin Bowyer, Russel Smith und Richard Mann konnten sich an ihren Sicherheitsleinen zurück an Bord ziehen. Nur Skipper Bartlett schaffte es nicht. In Schoten und Stage vertörnt kämpfte er darum, wenigstens seinen Kopf über Wasser zu halten. Fleming und Derek Morland kamen aus dem Niedergang gestürzt, und es gelang ihnen, Bartlett halb an Deck zu ziehen. Ganz schafften sie es nicht, dafür war er zu schwer in seinen wassergetränkten Kleidern. Hier hing er nun und schlug mit jeder See gegen die Bordwand. »Was für eine dumme Art zu sterben«, dachte er bei sich selbst.

Zehn Minuten dauerte es, bis man Bartlett mit Messer und Zange von seinen Leinen befreit hatte und ihn endlich völlig verausgabt ins Cockpit rollen konnte. Seine Schwimmweste war dabei in Stücke gegangen.

In der Zwischenzeit hatten zwei andere Crewmitglieder, vermutlich

John Puxley und Peter Everson, die am meisten unter der Seekrankheit gelitten hatten, an etwas anderes gedacht. Als Fleming und Morland sich umsahen, konnten sie erkennen, wie in aller Hast die Rettungsinsel klargemacht wurde. Jetzt blieb keine andere Chance als daß alle umstiegen, um die vermeintlich bessere Überlebenschance auf dem Rettungsfloß zu finden. Als sie sich von dem verdammten Boot frei gemacht hatten, trieben sie geradewegs auf die MORNINGTOWN zu. Dort hatte man alle Vorbereitungen getroffen, die Schiffbrüchigen an Bord zu nehmen – aber die winkten ab. »Wir hatten uns entschlossen, den Sturm in der Rettungsinsel zu überstehen«, erzählt Fleming. Sie fühlten sich auf dem Floß sicherer. Die MORNINGTOWN drehte ab. Es war 2 Uhr 30 am Dienstag. Wie falsch diese Entscheidung war, sollte sich bald zeigen. Nicht lange darauf griff der Wind unter das Gummifloß und warf es um.

Zwar richtete sich die Beaufort-Insel gleich wieder auf, aber die Männer benötigten viel Kraft, um sich erneut aus dem Wasser zu ziehen. In den nächsten Minuten kenterte die Insel noch mehrmals, und jedesmal lagen die Männer allesamt im Wasser. Es war zum Verzweifeln.

Bei der fünften Kenterung geschah das Ungeheuerliche. Die Insel riß auseinander, die beiden luftgefüllten Ringe trennten sich. Das Hecklicht der MORNINGTOWN war wohl noch zu erkennen, aber nicht mehr zu erreichen. Die Gruppe der acht Schiffbrüchigen war nun auseinandergerissen. Alan Bartlett, dessen Rettungsweste zerstört war, hielt sich am oberen Ring fest. Puxley, Vater von zwei Kindern, wurde in die Finsternis davongerissen, Everson, Junggeselle, wurde auch nicht mehr gesehen. Sie starben.

»Als wir sie forttreiben sahen, haben wir gerufen und geschrien. Mit den Händen versuchten wir hinterher zu paddeln, aber es nützte nichts mehr.«

Mit einem Lifebelt wurde der losgerissene obere Ring mit dem Rest der Rettungsinsel zusammengebunden. Da saßen die sieben Männer nun, bis zum Hals im Wasser, immer und immer wieder von schweren Brechern überrollt.

Beim ersten Licht des Tages, es mag 5 Uhr 30 gewesen sein, wurde das hilflose Häuflein Menschen wie durch ein Wunder von einem Nimrod-Suchflugzeug entdeckt. Es warf eine gelbe Rauchfackel ins Wasser. Eine

Yacht in der Nähe schien Hilfe bringen zu wollen, aber im gleichen Augenblick konnten die Schiffbrüchigen drei rote Seenotraketen an verschiedenen Stellen sehen. Sie waren nicht die einzigen, die sich in einer verzweifelten Situation befanden. Die Yacht entschied sich für einen anderen Seenotfall. Vielleicht sah man die treibenden Bündel in der hohen See gar nicht?

Gegen 9 Uhr brach sich wieder eine See über ihren Köpfen. Die Ringe wurden dieses Mal regelrecht auseinandergerissen. Fleming hing unerreichbar für die anderen am unteren Ring, die anderen gemeinsam am oberen.

Die Situation schien hoffnungslos, und die sieben Schiffbrüchigen waren an einem Punkt angelangt, wo sich die Wege trennen. Der Wille zum Überleben war bei einem der Männer gebrochen. Robin Bowyer, von Beruf Segellehrer, hatte nicht mehr die Kraft. »Wir sahen ihn zwischen uns sterben. Als er davontrieb, war er schon tot.«

Skipper Bartlett (53), ein kräftiger Mann und früherer Amateurboxer, teilte seinen Kameraden in aller Ruhe mit, daß er der nächste sei, der sterben werde. Er hatte am längsten im Wasser gelegen. Da kam vom Himmel die Rettung.

Ein Hubschrauber entdeckte zunächst Fleming und winschte ihn aus der See. Als nächster folgte Bartlett. Die übrigen wurden kurze Zeit darauf von dem holländischen Zerstörer OVERIJSSEL geborgen, deren Mannschaft fassungslos auf die zerrissene Rettungsinsel starrte.

Sea King 597 war es, der zuvor auch die Überlebenden der GRIMALKIN abgeborgen hatte. Bartlett konnte sich nach acht Stunden im Wasser zunächst nicht bewegen. Im Luftwaffenstützpunkt Culdrose angekommen, verließ er den Helikopter schon wieder auf eigenen Beinen.

Das Fischereischutzboot HMS ANGLESEY fand die TROPHY zwei Tage, nachdem sie verlassen worden war. Inzwischen zog ein weiterer Sturm über das Seegebiet am Kanaleingang, und weil die in Schlepp genommene Yacht an ihrer langen Leine zweimal kenterte, mußte sie wieder treiben gelassen werden. Eine Motoryacht, die sich auf dem Weg von Schweden nach Portugal befand, schleppte das Unglücksboot dann endgültig in den Hafen von Falmouth.

Simon Fleming, der bei seiner bösen Erfahrung in der zerrissenen

Rettungsinsel acht Stunden im Wasser überlebt hatte, war schon am Wochenende nach der Fastnet-Regatta wieder auf dem Wasser. Mit Erstaunen stellte er fest, daß seine Glieder so schwach waren, daß er fast hilflos im Cockpit hockte. Dabei litt er ständig unter der Angst, das Boot könnte kentern. Er will auch die nächste Fastnet-Regatta mitsegeln, aber: »In eine Rettungsinsel gehe ich nicht mehr – nicht bevor das Schiff unter meinen Füßen sinkt!«

DIE RETTUNGSAKTION

Die ersten Anzeichen einer beginnenden Katastrophe machten sich am späten Montagabend ganz undramatisch mit dem Hilfeersuchen einer Yacht bemerkbar, die ihr Ruder verloren hatte. Der Notruf wurde an der irischen Küste aufgefangen und um 22 Uhr 15 lief das Rettungsboot von Baltimore aus, um dem Havaristen zur Hilfe zu eilen.
Kurz nach Mitternacht waren weitere Notrufe von den Küstenfunkstationen aufgefangen worden. Um 2 Uhr 40 ging das Rettungsboot von Courtmacsherry in See, eine halbe Stunde später lief das Boot von Ballycotton aus. Noch in derselben Nacht standen zehn Seenotrettungsboote im Unglücksgebiet. Mittlerweile begann auch in England die Rettungsaktion anzulaufen.

»Das sah aus wie auf einem Schlachtfeld«

Für den Einsatz und die Koordination von Rettungseinsätzen ist Ihrer Majestät Küstenwache zuständig. Kurz nach Mitternacht am 14. August erreichten Notrufe die Küstenfunkstation Land's End. Der Diensthabende der Seenotstation (Maritime Rescue Sub Centre) meldete sich um 2 Uhr 16 bei der Seenot-Zentrale (Southern Rescue Coordination Centre) in Plymouth und gab die Meldung weiter, daß sich im Gebiet 50 Grad 50 Minuten Nord und 8 Grad 10 Minuten West mehrere Yachten in Schwierigkeiten befänden. Wegen des ungewöhnlich schweren Wetters und der schlechten Sicht beschloß man, die Suche aus der Luft bis zum Tagesanbruch zu verschieben.
Vier englische Rettungsboote, das Fischereischutzboot HMS ANGLESEY

und der holländische Zerstörer OVERIJSSEL standen bereits im Seegebiet oder waren auf dem Weg dorthin.

Auf der Luftwaffenbasis Kinloss wurde ein SAR-(Search and Rescue-) Such- und Aufklärungsflugzeug vom Typ Nimrod (201. Squadron) startklar gemacht. Um kurz nach 4 Uhr hatte die Crew ihre Flugeinweisung bekommen und fand sich wenig später in der Luft. Die viermotorige Nimrod diente als erste Koordinationszentrale (Rescue 01) für die Rettungsaktion. Sie war als erstes Flugzeug im Unglücksgebiet und fand dort eine Situation vor, die den schlimmsten Vorstellungen entsprach. Der Bericht, den die Crew über Funk an Land weitergab, lautete: »Wind 60 Knoten (11 Beaufort), Seegang 8 (sehr hohe See), Sicht drei Meilen, Wolkenuntergrenze 300 Meter, Wellenhöhe 15 bis 18 Meter.«

Der Anblick, der sich ihnen bot, war furchtbar. Hilflos in der See treibende Boote, umgestürzte, leere Rettungsinseln, Notraketen, Handfackeln – wo sollte man da anfangen? Einer der Retter sagte später: »Da sah es aus wie auf einem Schlachtfeld.«

Die Aufgabe des mit hochsensiblen Ortungsanlagen ausgerüsteten Flugzeuges bestand nun darin, die havarierten Schiffe auszumachen und mit Rauchbomben zu markieren. Um 7 Uhr war das volle Ausmaß der Katastrophe erkannt. Die Nimrod meldete: Alle verfügbaren Hubschrauber ins Unglücksgebiet senden. Doch wieviel Hubschrauber waren das?

In der SAR-Station Finninglay stand momentan kein Helikopter zur Verfügung. Die Sea Kings der Station Coltishall konnten für den Fall, daß auch in ihrem Operationsgebiet Schwierigkeiten entstehen würden, nicht abgezogen werden.

Eine weitere Nimrod gab es in St. Mawgan (42. Squadron), sie stieg um 5 Uhr 40 auf. Für den Reservefall konnte die Station Odiham einen Wessex-Helikopter zur Verfügung stellen.

In Chivenor/Irland stand eine RAF-Whirlwind bereit. In Brawdy, einer anderen RAF-Station in Irland, bereitete man eine weitere Whirlwind und zwei Sea Kings zum Start vor. Auch das Irish Air Corps stellte zur Ablösung zwei Hubschrauber bereit sowie eine Beechcraft King Air. Die schlagkräftigste Station war jedoch Culdrose in Südwestengland. Auf ihr ruhten nun alle Hoffnungen.

Der August ist auch für das Flug- und Bodenpersonal der Luftrettungsstation der Royal Navy in Culdrose, Cornwall, der Ferienmonat. Als am Montag um 3 Uhr 45 das Hilfeersuchen in Culdrose eintraf, war man dort zunächst völlig überrascht. Zum sofortigen Einsatz standen lediglich zwei Hubschrauber zur Verfügung. Die übrigen Piloten befanden sich zumeist im Urlaub oder zu Hause. So kam es, daß man eine gewisse Anlaufzeit benötigte, um das Personal zusammenzubekommen und im gemeinsamen Einsatz die unerwartete Situation in den Griff zu kriegen.
Commander William Berry, Chef der Station, war von vornherein klar, daß seinen Hubschraubern die wichtigste Aufgabe bei der Rettung zukommen würde. Ihm standen Maschinen des Typs Lynx, Wessex und Sea King zur Verfügung. Das Katastrophengebiet hatte eine Größe von etwa 20 000 Quadratmeilen. Jeder Helikopter bekam eine Fläche von 1200 Quadratmeilen zugeordnet. In nur 50 Meter Höhe, mit einer Geschwindigkeit von rund 150 km/h machten sich die Maschinen auf die Suche.
Lynx, Wessex und Sea King sind eigentlich für das Aufspüren und Bekämpfen feindlicher U-Boote gedacht. Nicht alle verfügen über SAR-Ausrüstungen. Dementsprechend sieht es in ihnen aus. Im Laderaum ist es kalt, laut, feucht, eng, und es rüttelt und vibriert. Marinearzt David Morgan: »Dort erste Hilfe leisten? Das ist, als wolle man einen Patienten in einem vollgestopften, dunklen Badezimmer behandeln.«
Dennoch, ohne die Hilfe der Hubschrauber wäre die Tragödie unvergleichlich schlimmer ausgegangen. Sie zeigten sich als wahre Engel am Himmel. Robust, technisch hochentwickelt, zuverlässig und von erfahrenem, manchmal tollkühnem, mutigem Personal geflogen, wurden sie zum Rückgrat des Rettungsunternehmens. Sie bargen 74 Menschen aus der See und damit 90 Prozent aller Geretteten.
Da ging es den Hilfsschiffen, die ins Unglücksgebiet geeilt waren, schon anders. Sie hatten mit derselben See zu kämpfen, die die Segelyachten zu Wracks schlug, und obwohl um ein vieles größer und schwerer gebaut, war es für sie keineswegs einfach, sich in der See zu halten.
Da war zunächst das Fischereischutzboot der Royal Navy, die HMS ANGLESEY, denn die irische See ist ein ertragreicher Fischereigrund. Sie stand in jener Nacht von Anfang an im Unglücksgebiet.

Die Fregatte HMS BROADSWORD, ein ganz neues Schiff, befand sich auf einer Erprobungsfahrt. Treibstoffverbrauch und Kenterstabilität sollten geprüft werden. Sie drehte sofort ab und lief mit 21 Knoten Geschwindigkeit Kurs auf das Unglücksgebiet. Als größtes und am besten ausgerüstetes Fahrzeug übernahm sie die Aufgabe des »Mayday Relais« zur Koordination des Rettungseinsatzes.

Das Begleitschiff der Regatta, der niederländische Zerstörer OVERIJSSEL, geriet selbst in Schwierigkeiten. Seine Aufgabe bestand darin, über UKW-Radio die Positionen der Admiral's Cup-Yachten aufzunehmen und sie an Land weiterzugeben. Nachrichtenagenturen auf der ganzen Welt warteten hauptsächlich auf die Entscheidung der letzten Regatta der Admiral's Cup-Wertung.

Als Wind und See zunahmen, begann das 3500-Tonnen-Schiff schwer zu rollen. Seen wuschen über die Decks und ein besonders schwerer Brecher schlug Tonnen von Salzwasser in den Maschinenraum. Die Elektrogeneratoren wurden überschwemmt und kurzgeschlossen. Zwölf angstvolle Minuten lag der Zerstörer hilflos im Dunkeln.

Den Vertreter des RORC an Bord des offiziellen Begleitschiffes, Peter Webster, erreichte ein Notruf nach dem anderen. »Es war furchtbar«, erzählte er später, »so viele Notrufe, und wir konnten doch immer nur einem zur Zeit helfen.«

Den Männern der OVERIJSSEL gelang es, 14 Männer und eine Frau aus der See zu retten. Die Überlebenden stammten von den Yachten TROPHY, CALLIRHOE III und POLAR BEAR. Auch die Leichen zweier Segler wurden aufgefischt. Eine spätere Obduktion ergab, daß sie nicht ertrunken, sondern an Erschöpfung und Unterkühlung gestorben waren.

Am Nachmittag des Dienstag waren auch zwei Hochseeschlepper der Marine, ROBUST und ROLLICKER, eingetroffen. Zusammen mit weiteren Rettungsschiffen, HMS SCYLLA, RFA OLNA und dem irischen Patrouillenboot DIEDRE suchten sie das Gebiet in ihnen zugewiesenen Sektoren ab.

Die Retter zu Wasser und in der Luft hatten bei ihrer Aufgabe eine ganze Reihe von Problemen. Keine der Rettungsorganisationen verfügte über eine komplette Liste der Teilnehmer. Auch die Liste des RORC war nicht vollständig, denn einige Yachten waren gar nicht an den Start gegangen oder hatten das Rennen schon während der ersten beiden Tage abgebrochen. In der ersten Phase der Rettungsarbeit machte sich das nicht so sehr bemerkbar. Es galt, unmittelbar Leben zu retten.

In der zweiten Phase sah es schon anders aus. Da mußte festgestellt werden, wer noch fehlte, wer überlebt hatte oder wer gar noch auf Hilfe hoffte. Bis zum Abend des 14. August war man sich erst über den Verbleib von 150 Yachten der 303 teilnehmenden ganz sicher – über allen anderen stand ein großes Fragezeichen.

In den wenigsten Fällen war für die Hubschrauber-Crews zu erkennen, ob sich eine Yacht in einer Notlage befindet oder nur beigedreht den Sturm abwettert. Auch die Identifikation war sehr schwierig. Meist waren gar keine oder nur Sturmsegel gesetzt, die mit der nationalen Unterscheidungsnummer nicht gekennzeichnet sind.

Auch treibende Rettungsinseln sind nicht mit dem Namen des Schiffes versehen. Manche Rettungsinsel ließ Rückschlüsse auf einen Notfall nicht zu, sie war unbeabsichtigt über Bord gegangen. Das Fehlen von UKW-Geräten auf vielen Yachten machte sich bemerkbar. Doch selbst mit UKW-Gerät war eine Verbindung zum Hubschrauber nur über die nächste Landstation möglich.

Vom ersten Eintreffen der Notmeldungen an gab es für die Hubschrauberbesatzungen der Royal Naval Air Station Culdrose in Cornwall kaum eine ruhige Minute. Am ersten Einsatztag flog Leutnant Jerry Crayson eine Wessex und rettete 15 Segler. Die erste Yacht, der er zur Hilfe kam, hieß MAGIC, ein 10-Meter-Schiff, das sein Ruder in einer der schweren Kreuzseen auf der Labadie-Bank verloren hatte.

»Wir haben über UKW mit ihnen gesprochen«, erzählt Leutnant Grayson, »und sie gebeten, eine Rakete abzufeuern, damit wir sie besser finden können. Statt dessen zündeten sie einen Rauchtopf, dessen Qualm vom Sturm in Fetzen davongerissen wurde. Beinahe wären wir über sie hinweggeflogen. Wir entdeckten sie dann auf einem Wellenkamm. Ich brachte den Helikopter nach unten. Die See ging wohl zwölf Meter hoch, wenn nicht mehr.«

Normalerweise wird die Rettungsarbeit, das Aufwinschen aus der See oder von einem havarierten Schiff, in fünf bis sechs Meter Höhe eingeleitet. Die Wessex fand sich nicht selten zwischen zwei Wellenkämmen, die den Piloten durch das Fenster des Cockpits angrinsten. Grayson mußte

die Wellenhöhe schätzen und laufend die Flughöhe verändern, um von der See nicht ergriffen zu werden.
»Es bestand überhaupt keine Chance, die Leute vom Schiff zu holen. Die Masten sausten bis zu 45 Grad nach allen Seiten durch die Luft. Wir mußten den Jungens also sagen, daß sie einer nach dem anderen in die See springen müßten. Das ist ein ziemlich drastischer Schritt. Im selben Augenblick, wo die ins Wasser springen, liegt es ganz an dir, auch dafür zu sorgen, daß sie dort wieder rauskommen.« Leutnant Grayson weiß, wovon er spricht. »Smiler« Grinney, der Taucher aus der Helikoptercrew, wurde an der Leine heruntergelassen, um der Crew der MAGIC zu helfen. Brecher auf Brecher schlugen über ihm zusammen, als er den Besatzungsmitgliedern der MAGIC einem nach dem anderen den Rettungsgürtel umlegte.
Die fünf Crewmitglieder der MAGIC wurden nach Culdrose geflogen. Eine andere Mannschaft übernahm die Wessex, und Grayson und seine Männer konnten schnell etwas essen. Bald waren sie wieder in der Luft, mit einer anderen Wessex. Zwei Stunden lang suchten sie nach der FESTINA TERTIA, die einen Mann in der See verloren hatte. Die Yacht wurde jedoch von einem anderen Helikopter gefunden. Grayson brachte seine Wessex auf die Scilly-Inseln zum Nachtanken. Danach flog er zu der irischen Yacht GOLDEN APPLE OF THE SUN, die ihr Ruder verloren hatte. An Bord befand sich nicht nur der Konstrukteur dieser und vieler anderer Yachten im Fastnet-Rennen, der Wahl-Ire Ron Holland, sondern auch Rodney Pattisson, Olympiamedaillen-Gewinner im Segeln.
Nach Anweisung von Grayson stieg die Crew in ihre Rettungsinsel über. Doch das besetzte Floß blieb in bedrohlicher Nähe des havarierten Schiffes. Jetzt bekam Grinney wieder Arbeit. Er ließ sich nach bewährter Art hinab und schwamm auf die Schiffbrüchigen zu: »Ich klammerte mich an die Rettungsinsel und der Hubschrauber zog uns dann gemeinsam in sichere Entfernung von der GOLDEN APPLE.«
Einer nach dem anderen wurde nun aus der Insel geholt. Als alle gerettet waren, blieb dem Piloten gerade noch Zeit, die Scilly-Inseln anzusteuern. Mit dem letzten Tropfen Treibstoff landete er die Maschine.
Grinney meinte später: »Dies waren die schlimmsten Bedingungen, unter denen ich je gearbeitet habe.«

Für den Piloten und seine Crew gibt es eine Menge Schwierigkeiten bei solchen Einsätzen. Die Wessex hat am Fahrgestell Luftsäcke, die sich automatisch aufblasen, wenn der Hubschrauber mit Wasser in Berührung kommt. Mehrmals war Grayson so dicht über der See, daß er befürchten mußte, die Säcke würden hochgehen. Zudem bestand die Gefahr, daß die Gasturbinen salzige Gischt ansaugen. Wenn das Salz auf den Turbinenschaufeln trocknet, kann der Motor versagen.
Der Rettungsmann am Seil muß sich beim »hovern« besonders vorsehen. Geht er an Bord eines Schiffes, so besteht die Möglichkeit, daß er einen schweren elektrischen Schlag durch die Erdung der statischen Aufladung des Helikopters bekommt.
Amit Roy, ein Reporter des Daily Telegraph, flog mehrere Einsätze an Bord eines Sea King-Hubschraubers mit. Er schrieb darüber später: »Wir hatten noch für 20 Minuten Treibstoff und mußten dringend zurück in die Station. An Bord der HESTRAL 2, die wir gerade untersucht hatten, befand sich niemand mehr. Da entdeckte ich ein Bündel treibend in der See. Wir gingen runter und fanden einen Mann mit dem Gesicht nach unten in der See treibend. Weil unsere Winsch nicht mehr funktionierte, gab der Pilot die Position an die Rettungskoordinations-Zentrale der HMS BROADSWORD weiter, damit ein anderer Hubschrauber käme. Immer wieder wurden Yachten untersucht, deren Crews längst in Sicherheit gebracht waren. Das kostete viel Zeit, die woanders verloren ging. Unseren Piloten verführte es zu der Bemerkung: ›Was wir brauchen, ist ein Geschwader Minensuchboote, das die Gegend von verlassenen Booten leerräumt.‹«

Das Küstenrettungsboot GUY AND CLAIRE HUNTER

Es gibt wohl keine Inselgruppe auf der Erde, die im Verhältnis zu ihrem Umfang einen traurigeren Rekord aufzuweisen hat, als die Scilly-Inseln am Ausgang des Kanals. Was das Seegebiet entlang der Küste von Cornwall und die davorliegenden Kliffs wie Eddystone und Longships betrifft, so kann es vielleicht nur ein Gebiet an Gefährlichkeit mit ihm aufnehmen – die Deutsche Bucht mit ihren Sänden und Watts zwischen Holland und Dänemark.

Im Falle der Scillies richtete sich das tödliche Spiel lange Zeit grausam und einseitig gegen die Seeleute. Vor 1750 zeigten fast alle Seekarten, die nachlässig vervielfältigt waren und alte Irrtümer enthielten, die Insel zehn Meilen nördlich ihrer wahren Lage.

Der zweite makabre Streich der See ist erst kürzlich klar erkannt worden. Eine ozeanische Strömung, der Rennell Current, setzt sich in der Biskaya in Bewegung und fließt bis in die Mündung des Englischen Kanals. Er beträgt zwar höchstens eine Seemeile in der Stunde, aber das ist völlig ausreichend, um Schiffe nordwärts ihres vermuteten Kurses zu setzen. Diese Strömung wurde vermutlich auch dem Hamburger Passagierdampfer SS SCHILLER zum Verhängnis, der 1875 unter großen Verlusten von Menschenleben am Retarrier-Riff scheiterte. Schon Daniel Defoe schrieb in seinem Reisetagebuch: »Diese Inseln liegen derart in der Mitte zwischen den beiden weiten Öffnungen, daß man sie nur schwer oder vielleicht niemals gefahrlos passieren kann.«

Die Häufigkeit, mit der dort Schiffe strandeten, die Abgelegenheit und die wirtschaftliche Mißachtung, die das übrige England immer den Menschen in Cornwall und den Scillies hatte zuteil werden lassen, waren sicher die wichtigsten Gründe für das lange Bestehen des Strandraubgewerbes. In dieser finsteren Zeit wurden die Wracks der gescheiterten Segler nicht nur ausgeplündert, sondern die Überlebenden entweder an Ort und Stelle massakriert oder herzlos zurück in die See gestoßen.

Erst in der zweiten Hälfte des vergangenen Jahrhunderts lockerten sich die Bräuche. Im Dezember 1871 lief der Dampfer DELAWARE bei Bryher in den Scillies auf Grund. Man beobachtete, daß sich zwei Überlebende auf das kleine, unbewohnte Inselchen bei Samson retteten. Zwei geschickte Ruderer setzten bei dem schweren Wetter zu dem kleinen Eiland über, um die beiden Männer zu retten. Die gerade der tosenden See entronnenen Matrosen standen dort, vor Angst zitternd, mit Steinen in der Faust, und fürchteten jetzt erst recht, gegen diese Strandräuber um ihr Leben kämpfen zu müssen. Es war nicht leicht, sie von den guten Absichten der Retter zu überzeugen.

Die Scillies sind nicht nur ein Gebiet schwieriger Navigation, sie sind auch ein Gebiet schwerster Stürme zu fast allen Zeiten des Jahres. 1858 war der Leuchtturm Bishops Rock in Betrieb genommen worden, ein imposanter Bau, der seinem Bruder auf dem Fastnet-Felsen nur um weniges nachsteht, und ebenso in der Fastnet-Regatta als Wendemarke gilt. 1874 endlich gab es das erste Rettungsboot auf den Scillies. Es liegt, damals wie heute, in einem Bootshaus in St. Mary's. Bis Ende 1979 rettete man 627 Menschenleben.

Seit 80 Jahren stellt die Familie Lethbridge den Vormann für das Rettungsboot. Seit 1955 nimmt Matthew Lethbridge diese Aufgabe wahr – von Beruf Fischer wie seine Väter und Vorväter. Die GUY AND CLAIRE HUNTER ist mit ihren 16 Metern Länge und ihrer Geschwindigkeit von nicht einmal zehn Knoten kaum dafür geeignet, im weiten Raum der Irischen See Hilfe zu leisten. Es ist ein Küstenrettungsboot vom Typ Watson, kräftig gebaut, vielseitig bewährt, aber in seiner Reichweite eingeengt. Zu seiner Besatzung gehörten beim Fastnet-Einsatz neben dem Vormann noch Roy Guy, Bill Burrow, Rodney Terry, Roy Duncan und Richard Lethbridge, selbstverständlich alles Freiwillige.

Kurz nach Mitternacht wurde Lethbridge durch das Telefon geweckt. Bevor er den Hörer in die Hand nahm, ahnte er, welchen Grund der nächtliche Anruf haben würde. Draußen heulte der Sturm und rüttelte an den Fensterläden von Hugh Town. Über die Fastnet-Regatta war der Vormann informiert. Er hatte in anderen Jahren schon oft die schlanken, schnellen Hochseeyachten am Bishops Rock vorbeistürmen sehen, wenn er seine Hummerkörbe vor der Küste aussetzte.

Es war die Küstenwache, die sich am Telefon meldete. Man hatte einen Notruf der Yacht MAGIC aufgefangen, die sich 40 Seemeilen nordwestlich Round Island in Schwierigkeiten befand.

Lethbridge zog sich an und eilte zum Bootshaus hinunter. Schnell hatte sich die Mannschaft eingefunden, und auf dem eisernen Slipwagen rumpelte die GUY AND CLAIRE HUNTER die Schienen ins Wasser hinunter. Der schwere Diesel sprang an, und mit Hilfe von Radar und Erfahrung führte der Vormann das Boot zwischen den Felsen hindurch auf See.

Der erprobte Rettungsmann war nicht überrascht von dem, was ihn hier draußen erwartete. Einem Geretteten sagte er später: »Für euch war das ein außergewöhnlicher Sturm, für uns nicht.« Gegen 9 Uhr stand die GUY AND CLAIRE HUNTER etwa 50 Seemeilen nordwestlich Round Island. Zu seiner Überraschung bemerkte Lethbridge, in welch ungewöhnlicher

Weise die See hier draußen hochging. Er hatte lange, hohe Wellenberge vermutet, mit brechenden Kämmen. Was er jedoch vorfand, waren steile, hohle Seen, zum Teil konfus durcheinanderlaufend, zum Teil in atemberaubend schneller Folge. Die See war sehr viel schwerer, als es die Windstärke vermuten ließ. Mehrmals war das Rettungsboot so von Brechern eingedeckt, daß die Männer auf der Brücke bis zur Brust im Wasser standen.

Bruchstückweise erhielt der Funker der GUY AND CLAIRE HUNTER Mitteilungen von der Yacht MAGIC, doch finden konnten sie das Schiff nicht. Mittlerweile waren alle Funkfrequenzen derartig mit Notrufen überlastet, daß eine Verständigung ohnehin kaum möglich war.

Als erstes Schiff kam die entmastete BONAVENTURE II in Sicht. In ihrer Nähe lag das Fischereischutzboot HMS ANGLESEY, ohne freilich wirksam helfen zu können, da beide Schiffe nur Sichtkontakt hatten, wenn sie auf den Wellenkämmen tanzten. Bald kam ein weiteres Regattaschiff in ihre Nähe. VICTRIDE hatte ebenfalls um Hilfe gebeten, die Besatzung wollte von einem Hubschrauber abgeborgen werden. Schließlich traf noch ein dritter Notruf ein. PEGASUS lautete der Name der Yacht.

Ein Abbergen war bei diesem Wetter unmöglich, das mußten auch die Segler einsehen. Man verabredete ein Rendezvous bei Round Island, und von dort geleitete die GUY AND CLAIRE HUNTER die Yachten durch die schwierige Hafeneinfahrt.

Das Rettungsboot wurde nach dieser 17-Stunden-Fahrt neu aufgetankt, die Mannschaft zog sich trockene Kleidung an, und schon ging es wieder auf See. Bald darauf trafen die Männer auf ein Boot namens FESTINA TERTIA. Ein Crewmitglied dieses Unglücksschiffes war von der See über Bord gerissen worden, ohne die Chance auf Rettung. Ein zweiter Mann war wegen starker Unterkühlung bereits von einem Hubschrauber abgeborgen worden. Verzweifelt, müde und erschöpft hatten die Übriggebliebenen nur noch den Wunsch, möglichst schnell in den Hafen zu gelangen, der ihnen im Schlepp der tollkühnen Rettungsmänner von St. Mary's erfüllt wurde.

Die »tapferen Sieben von Falmouth«

Die Royal National Lifeboat Institution (R.N.L.I.) hat in Falmouth eines ihrer größten Rettungsboote stationiert – die ELIZABETH ANN der modernen Arun-Klasse. Sie steht unter dem Kommando des erfahrenen Vormannes Arthur West. Zur Besatzung gehören außerdem Vivian Pentecost, der Bordmechaniker, Barry Timmins, Funker, Ron Twydle, Maschinist, sowie die Decksleute Terry Scanlan, Alan Barnes und Roger Andrew. Die Rettungsfahrt im Fastnet-Orkan war nicht ihr erster gemeinsamer Einsatz. Für ihren Mut und Einsatzwillen nannte man sie die »tapferen Sieben von Falmouth«.

Der erste Alarmruf an die ELIZABETH ANN erging am Dienstagvormittag. Es war ein relativ harmloser Auftrag. Durch die Gewalt des Sturmes sollte sich eine Fahrwassertonne vor Pendower Beach von ihrem Grundgeschirr gelöst haben und vertrieben sein. Das galt es nachzuprüfen. Kaum befand sie die ELIZABETH ANN auf See, ging eine Bitte der HMS BROADSWORD ein, die als Rettungskoordinationsschiff vor Land's End stand, die ELIZABETH ANN möge sich an der Suche nach Überlebenden im Fastnet-Rennen beteiligen.

Das Rettungsboot stand weit weg von seinem Einsatzort, doch West drehte sofort ab, und mit seiner Höchstgeschwindigkeit von 16 ½ Knoten stob das Schiff in einer Wolke von Gischt Kurs Südwest, geradewegs gegen die schwere See an.

Nach sieben Stunden Vollgas stand die ELIZABETH ANN zwischen Land's End und den Scilly-Inseln. West bekam noch einen Nachgeschmack davon, was während des Höhepunktes des Sturmes los war. »Es muß die Hölle gewesen sein«, erzählte er später, »alles was den Leuten blieb, war zu beten. Ich glaube, es wurde viel gebetet dort draußen.«

Der erste Havarist, den die Männer der ELIZABETH ANN in Sicht bekamen, war die schwedische Yacht BIG SHADOW. Ihr Ruder war gebrochen. »Die waren verdammt froh, als sie uns sahen. Sie trieben hilflos vor der See und hatten einen Haufen Leinen und Segel achteraus gelassen, um das Heck im Wind zu halten. In so einem Augenblick ist es schwer zu sagen, die Rettungsarbeit ist nur ein Job. Ich glaube es ist viel mehr«, meinte West später.

Als die BIG SHADOW in den sicheren Schutz eines Hafens auf den Scilly-Inseln geschleppt war, begann der schlimmste Teil der Arbeit auf dem Rettungsboot. Funker Timmins glühten die Ohren unter seinem Kopfhörer. Ununterbrochen gingen die Hiobsbotschaften durch den Äther. Mehrmals begegneten sie verlassenen Yachten, die vom Sturm zerschlagen an ihnen vorübertrieben. Eines dieser verlassenen Boote nahmen sie in Schlepp und brachten es in den Hafen von Newlyn. Es war die GOLDEN APPLE OF THE SUN, Teamboot der Iren im Admiral's Cup, deren Mannschaft kurz zuvor von einem Hubschrauber abgeborgen worden war.
Die Männer der ELIZABETH ANN waren nicht wenig verblüfft, als sie auf dem Kartentisch des Havaristen einen Zettel liegen sahen, auf dem stand: »Sind zum Mittagessen und in fünf Minuten zurück.«
Dreimal brach die Schleppleine, dreimal wurde die Verbindung unter Lebensgefahr wiederhergestellt. Längst war die Notration an Bord des Rettungsbootes aufgebraucht. Proviant holten sie sich aus der verlassenen Yacht. Völlig erschöpft, mit dem letzten Tropfen Treibstoff im Tank, erreichten sie ihren Heimathafen Falmouth nach 43 Stunden und 15 Minuten auf See.
»Wir erhalten keine Bergungsprämie. Wir erwarten auch kein Lob; unsere Belohnung ist, gerufen zu werden, wenn andere in Verzweiflung sind. Darum sind wir Rettungsmänner.« Vormann West ist nicht umsonst einer der höchstdekorierten Rettungsmänner Englands.
Die Crew der ELIZABETH ANN ist nur eine von vielen, die in diesen Stunden ihr Leben riskierte. Zurück im Hafen, ging das tägliche Leben ganz undramatisch weiter. West, der Fischer, ging zurück auf seinen Kutter. Scanlan, der Hafenarbeiter, in die Docks, Pentecost kümmerte sich um das Auftanken der ELIZABETH ANN, Twydle fuhr wieder in die Ferien zum Angeln, Barnes in sein Geschäft als Elektriker und Roger Andrews beeilte sich, nach Hause zu kommen, wo seine schwangere Frau auf ihn wartete. Timmins legte sich in die Koje und ruhte aus.

DASHER und MOONSTONE

An der Rettung waren selbstverständlich nicht nur Einheiten staatlicher Institutionen beteiligt. Auch einige Regattaschiffe brachen das Rennen

ab und riskierten ihr Leben, um anderen beizustehen. Zwei britische Yachten waren dabei besonders erfolgreich.
In Großbritannien ist es Tradition, daß alle Teilstreitkräfte, Armee, Luftwaffe und Marine, mit eigenen Ausbildungsschiffen an bedeutenden Regatten teilnehmen. In den Streitkräften weiß man von dem besonderen Erziehungswert, wenn eine kleine Gruppe von Menschen über längere Zeit unter erschwerten Bedingungen zusammenlebt. Für die Charakterbildung künftiger Offiziere und Unteroffiziere hat sich diese Ausbildung als unerläßlich erwiesen.
Die 16-Meter-Yacht DASHER der Royal Navy, unter dem Kommando von Leutnant Bob Hall, hatte in der Nacht das Rennen aufgegeben und lief vor dem Orkan ab. Gegen 4 Uhr 30 hörte der Steuermann der Yacht einen Hilferuf. Mit einem starken Decksscheinwerfer wurde in Richtung des Rufes geleuchtet. Dort entdeckte Hall eine kleine, entmastete Yacht, die als MALIGAWA III aus Frankreich identifiziert wurde.
Hall plante, die schwer beschädigte Yacht in Schlepp zu nehmen. Die Aufgaben an Bord der DASHER wurden verteilt, und nach dem zweiten Versuch schwang das Marineboot heran. Eine Leine konnte wahrgenommen werden, und unter Sturmfock lief das Gespann vor dem Wind ab. Zunächst schien alles gut zu gehen. Nach etwa einer Stunde jedoch wurde die französische Yacht von einer schweren See umgeworfen, zwei Mann gingen über Bord und Wassermassen ergossen sich in die Kabine. Zwar konnten die über Bord gestürzten Männer an ihren Lifebelts zurück an Deck gezogen werden, aber Hall erkannte, daß die Yacht zu sinken drohte, und entschied sich, die Männer zu übernehmen. Die Franzosen stiegen in ihre Rettungsinsel über, stießen sich vom sinkenden Schiff ab und warteten darauf, abgeborgen zu werden. Bereits im ersten Anlauf gelang es Hall, längsseit des Rettungsfloßes zu gehen und die Überlebenden ohne weitere Zwischenfälle an Bord zu nehmen. DASHER, ein Kunststoff-Serienschiff vom Typ Camper & Nicholson 55, erreichte Plymouth am nächsten Tag. Die MALIGAWA III ist später gesunken.
Gar nicht so weit von dem Ort dieser Rettungsaktion entfernt, etwa zur gleichen Zeit, lag MOONSTONE, eine 11-Meter-Yacht vom Typ OOD 34, nach zwei schweren Niederschlägen in traditioneller Weise beigedreht – die Sturmfock backgeholt, die Pinne nach Lee festgebunden.

Im ersten Grau des Morgens sah Eigner und Skipper David Chatterton etwa 300 Meter in Lee eine Rettungsinsel vorbeitreiben. Er warf die Maschine an und nahm Kurs auf die Insel. Zweimal fiel seine Yacht von einer hohen See herunter, der Mast zeigte dabei parallel zum Wasser. Um einen Zusammenstoß mit der Rettungsinsel zu vermeiden, legte er sich in sicherer Entfernung zu Luv des Floßes und ließ seine Rettungsboje an einer langen Leine nach Lee treiben. Die Männer ergriffen die Leine, befestigten sie an ihrem Floß und mit Hilfe von MOONSTONES Genuawinsch wurden sie herangezogen.

Sechs Überlebende der französischen Yacht ALVENA aus Brest kletterten an Bord. Wie sie erzählten, war ihre Yacht zweimal durchgekentert, die Kabinenfenster eingeschlagen und der Mast gebrochen. Sie vermuteten, ihr Schiff sei mittlerweile gesunken. Mit nun 13 Mann an Bord segelte MOONSTONE ostwärts und erreichte Falmouth.

Die verlassene ALVENA, eine Contessa 33, wurde zwei Tage später von einem irischen Rettungsboot entdeckt und nach Crosshaven bei Cork geschleppt. Tatsächlich mutet es wie ein Wunder an, daß die Yacht noch schwamm. Vom Mast war nichts mehr zu sehen. Der Seezaun fehlte auf der gesamten Länge des Schiffes, Heck und Bugkorb waren abrasiert. Waschbord und Luke standen halb offen, das Kabinenfenster an Steuerbord war zertrümmert und im Schiff schwappte das Wasser bis über den unteren Kojenrand.

Eine makabre Jagd

Der Verlust von Schiffen in der Regatta war sehr viel geringer als der Verlust an Menschenleben. Insgesamt sanken lediglich 5 der 303 teilnehmenden Yachten – alle waren von ihren Crews aufgegeben und verlassen worden: MALIGAWA III, GRIFFIN, CHARIOTEER, HESTRUL II und MAGIC. Die übrigen 19 von ihren Crews verlassenen Yachten wurden, zum Teil schwer beschädigt, aber schwimmend, in Häfen geschleppt.

Nachdem die ersten Schreckensmeldungen verklungen waren, machte eine neue Hiobsbotschaft die Runde. Wie ein Lauffeuer verbreitete sich die Geschichte, Fischer hätten sich über die verlassenen Boote wie Piraten hergemacht und alles gestohlen, was die See zu stehlen übrigge-

lassen hatte. So ganz unwahrscheinlich klang das nicht, denn allein die elektronischen Geräte an Bord, Funkpeiler, Radio, Echolot haben einen ganz erheblichen Wert. Doch was war wirklich geschehen?
Seit jeher hat eine Schiffsbesatzung, die ein herrenlos auf dem Meer treibendes Boot in den Hafen bringt, das Recht auf eine Bergungsprämie. Die Gelegenheit dazu mag heute seltener geworden sein, als es vielleicht vor 100 Jahren noch der Fall war, aber das Recht ist geblieben. Schließlich ist damit allen Beteiligten gedient. Die Versicherungen brauchen nicht den vollen Preis auszuzahlen, der Berger kann mit einem Drittel des Schiffswertes rechnen (bei den kleineren Fastnet-Yachten sind das immer noch 40 000 bis 50 000 Mark), und der Eigner erhält sein Schiff zurück.
Nach der Fastnet-Regatta gab es tatsächlich Fischer, die sich in das Unglücksgebiet aufmachten, um zu suchen, was die anderen im Sturm zurückgelassen hatten.
Einer dieser Kutter, die PIROLA aus Cornwall, hatte das Glück, gleich zwei Yachten aufzufinden: POLAR BEAR und ALLAMANDA. Die Boote wurden an einer langen Leine achteraus genommen, und die PIROLA nahm mit ihrem Fang Kurs auf Penzance. Zum besseren Steuern wurde ein Mann auf die ALLAMANDA gesetzt, der damit gleich andeuten sollte, bei wem die Bergungsrechte lagen.
Doch die PIROLA-Leute machten ihre Rechnung zunächst ohne das Wetter. Kaum hatte sich der Fastnet-Orkan ausgeweht, zog, zwei Tage später, ein neuer, wenn auch nicht so starker Sturm über die Irische See. Die geschleppten Boote gebärdeten sich, trotz ihres Steuermanns, in der See wie wild und mußten schließlich wieder ihrem Schicksal überlassen werden. Zehn Stunden hockte der arme Mann verlassen auf dem Geisterschiff, bis die PIROLA ihn wieder abholte. Drei Tage nach seinem Auslaufen kehrte der Kutter mit dem Bergungsgut nach Penzance zurück.
Ein anderer Fall verlief nicht ohne Komik. Die verlassene CAMARGUE, deren Mannschaft von einem Hubschrauber abgeborgen worden war, wurde von dem französischen Trawler LOCAREC entdeckt und aufgepickt. Als der Schlepp den Hafen von Milford Haven erreichte, dachten einige Segler, die dort Unterschlupf gefunden hatten und den Trawler in der Dunkelheit einlaufen sahen, hier wären Seeräuber am Werk. Es gelang ihnen, die Schleppleine zu kappen und mit der CAMARGUE nun ihrerseits

das Weite zu suchen, um das Boot den Behörden zu übergeben. Die Franzosen fanden sich um ihre Mühe betrogen und alarmierten die Polizei. Das Ergebnis der Konfusion befriedigte alle. Die Fischer erhielten eine angemessene Entschädigung und der Eigner sein Schiff zurück.
Am Rande der Fastnet-Regatta spielte sich eine Tragödie ab, die noch Tage später die Retter in Atem hielt und schließlich zu einer furchtbaren Entdeckung führte.
Der Sturm, das war klar, als rund 30 Notrufe von nicht zu der Regatta gemeldeten Yachten eingingen, hatte auch Fahrtensegler erwischt und in Bedrängnis gebracht. Unter anderem wurde ein »Mayday« der Yacht BUCKS FIZZ registriert. BUCKS FIZZ, ein Trimaran von knapp zwölf Meter Länge, war ebenfalls in Cowes gestartet und begleitete die Regatta zum eigenen Vergnügen. An Bord befanden sich drei Männer und eine Frau.
Am Abend nach dem Sturm fand man das Boot, kopfüber in der See, dicht vor der irischen Küste treibend. Während Yachten der herkömmlichen Bauweise offensichtlich auch eine Durchkenterung mehr oder weniger meistern können – wie das Fastnet-Rennen gezeigt hat –, sich zumindest nach der Kenterung wieder aufrichten, bleiben Mehrrumpfboote wegen ihrer großen Breite und des fehlenden Kielgewichts im allgemeinen über Kopf liegen.
Zunächst bestand die Hoffnung, Besatzungsmitglieder hätten in einem der Rümpfe in einer Luftblase Zuflucht gesucht und überlebt. Doch diese Hoffnung trog. Ein Flieger, aus dem Hubschrauber abgeseilt, fand das Wrack leer. Die Crew von BUCKS FIZZ, Pengrate, Pickerung und Dicks, waren das 16., 17. und 18. Opfer des Fastnet-Orkans. Olivia Davidson, die einzige Frau, das 19. Zwei Leichen wurden geborgen. Die beiden anderen behielt die See.

Sieben Menschen gerettet

»Die mit Schiffen auf dem Meer fuhren, und trieben ihren Handel in großen Wassern;
Die des Herrn Werke erfahren haben und seine Wunder im Meer,
Wenn er sprach und einen Sturmwind erregte, der die Wellen erhub,

Und sie gen Himmel fuhren, daß ihre Seele vor Angst verzagte,
Und sie zum Herrn schrien in ihrer Not,
Und er sie aus ihren Ängsten führte,
Und stillte das Ungewitter, daß die Wellen sich legten,
Und sie froh waren, daß es stille worden war,
Und er sie zu Lande brachte nach ihrem Wunsch:
Die sollen dem Herrn danken um seine Güte und seine Wunder,
Die er an den Menschenkindern tut.«

Mit diesem Zitat aus dem 107. Psalm leitete der Bischof von Plymouth den Trauergottesdienst für die Opfer der Fastnet-Regatta ein.

Die St. Andrews-Kirche war an jenem Freitagabend nach der Regatta bis auf den letzten Platz besetzt.

Unter den vielen Seglern, die zum Teil noch mit feuchten Hosen ihre Plätze in den Bänken einnahmen, befanden sich Offiziere der Rettungseinheiten, die Vertreter des Royal Offshore Racing Club, der frühere britische Premier Edward Heath und der Bürgermeister von Plymouth, Graham Jinks. Während die Kirchenglocken den Gottesdienst einläuteten, waren noch immer einige Yachten auf See.

Gottesdienste in Erinnerung an die Opfer und zum Trost der Hinterbliebenen wurden außerdem in Sydney, Australien, abgehalten sowie in der Kirche St-Martin-in-the Fields in London.

Die Trauerfeier von Plymouth fand im Anschluß an die Preisverteilung und die Vergabe des Admiral's Cup an die Mannschaft von Australien statt. Einige der Preisträger saßen in der Kirche noch mit ihrem eben gewonnenen Silber in der Hand. Donald Parr, der Kommodore des RORC, hatte die Beileidstelegramme der Königin von England, Elizabeth II., und des Herzogs von Edinburgh verlesen.

Es war ein Fonds zur Unterstützung der Hinterbliebenen gegründet worden, der mehr als 85 000 DM erbrachte. Gut die Hälfte davon spendete die Regierung des Admiral's Cup-Siegers – Australien. Auch für die Royal National Lifeboat Institution (R.N.L.I.), die britische Rettungsgesellschaft, wurde gesammelt. Wie in Deutschland, so werden auch in Großbritannien die Seenotretter ausschließlich durch Spenden und freiwillige Aufwendungen getragen. Um diese Kasse zu unterstützen, wurden im Greyhound Pub, nahe dem Hafen von Plymouth, in

jener Nacht Biere versteigert. Für einen halben Liter Lager-Bier mußten bis zu 240 Mark gezahlt werden, der Schluck aus einem Glas Champagner kostete vier Mark. Der Erlös wurde der R.N.L.I. überwiesen.
Die Vereinigung britischer Yachtsport-Journalisten wählte für den alljährlich vergebenen Preis »Segler des Jahres« den Franzosen Alain Catherineau, Skipper der Yacht LORELEI, die sieben Überlebende der GRIFFIN gerettet hatte.

DEM TEUFEL EIN OHR ABSEGELN

»Ich kann nicht mehr ohne Halt an Deck stehen. Das ist schon toll. Bin angeklammert an das Geländer im Kartenhaus. Immer wieder rieseln Wasserbäche in den Kragen des Ölmantels und über Brust und Beine. Und immer, wenn das Wasser in den Schuhen etwas angewärmt ist, kommt eine neue See und spült sie mit kaltem Wasser wieder aus.
Mit der Zeit fange ich an zu bibbern.
Es vergeht eine Stunde. Diese rasenden, taumelnden Seen, dies betäubende Brausen und Donnern zermürbt die Nerven.
Treffe den Ersten. Der sagt: Das geht nicht gut. Das kann nicht gutgehen. Wir wissen nicht wo wir sind. Wir haben auch keine Gewalt mehr über das Schiff. Wenn uns einer vor den Bug kommt, können wir nicht ausweichen.
Ist wenigstens Wasser genug voraus?
Vorläufig ja.
Zeit vergeht.
Einmal sagt der Kapitän: Kämpfen können wir nicht mehr, bloß noch segeln.
Merkwürdigerweise kann ich nicht völlig glauben, was ich erlebe. Ich kann nicht richtig an Sterben und solche Dinge denken. Es kommt mir irgendwie so vor, als wäre alles ein Traum. Aber das Donnern, Brausen und die riesigen Seen zermürben die Nerven ...
Und da ist der Erste und sagt: Wir wollen zusehen, daß wir nachher die Boote klarmachen.
Von da ab habe ich für einige Zeit die ganze Sache aufgegeben. Wir hätten nämlich die Boote noch nicht einmal zu Wasser bekommen. Wir

wären kaum an sie herangekommen. Boote bei dieser See!
Es ist die letzte Möglichkeit, sagte der Erste.
Und da habe ich die Vorstellung gehabt von einem langsamen Tod, von stundenlangem Anklammern an irgend etwas, was schwimmt, von einem langen und elenden Kampf ohne Sinn.«

Was Heinrich Hauser Anfang der dreißiger Jahre an Bord der Viermastbark PAMIR erlebte und in seinem Buch »Die letzten Segelschiffe« aufschrieb, gibt einen Eindruck von der Gewalt des Sturmes, den niemand nachvollziehen kann, der nicht selbst einmal bei solchem Wetter draußen gewesen ist.

Die PAMIR befand sich seinerzeit ebenfalls in den Western Approaches, dem Eingang zum Kanal. Sie war in einen Wintersturm geraten, Stärke 10 bis 11 nach Beaufort, was nach heutiger Rechnung etwa 50 bis 60 Knoten Windgeschwindigkeit entspricht.

Das Rollen der See wird zum Getöse

Fachleute sind sich darüber einig, daß auch der Fastnet-Sturm ungefähr diese Stärke hatte – allerdings im Sommer, was durchaus auch in diesem berüchtigten Seegebiet nicht alltäglich ist. Wenn man von Windstärke 10 spricht, so darf man natürlich nicht vergessen, daß dies die Angabe für die durchschnittliche Windstärke ist. Es ist also durchaus möglich und auch wahrscheinlich, daß länger anhaltende Böen die Orkanstärke 12 erreichten. Beobachtungen an Bord des Zerstörers OVERIJSSEL, dem Begleitschiff der Fastnet-Regatta, bestätigen dies.

Die internationale Skala für Windgeschwindigkeiten beschreibt Beaufort 10 bis 11 so:

»Starker Sturm, ab 55 Knoten. Kennzeichen an Land: zerstörende Wirkung schwerer Art. Kennzeichen auf See: Die Wellenberge werden so hoch, daß in Sicht befindliche Schiffe zeitweilig außer Sicht kommen, indem sie in die Wellentäler hineinsinken. Das Rollen der See wird zum Getöse; die See ist mit weißem, streifenförmigem Schaum bedeckt und der Wind verweht die Wellenkämme zu Gischt.«

Der Windstärke 10 bis 11 wird Seegang Stärke 9 zugeordnet (gewaltige, schwere See). Es ist die höchste Stufe auf der Skala.

Bobby Schenk, einer der erfahrensten deutschen Weltumsegler schreibt in seinem Fahrtensegler-Handbuch:
»Ab Windstärke 9 ist von ›Segeln‹ nicht mehr die Rede; Mannschaft und Schiff kämpfen ums Überleben. Bei Beaufort 12 bestehen für eine Yacht kaum Überlebenschancen.«
Der Fastnet-Sturm hinterließ auch an Land seine Spur und forderte fast ein Dutzend Opfer. Autos und Motorräder wurden von der Straße gefegt, Dächer abgedeckt, reihenweise Bäume gefällt, Menschen erschlagen oder von Hafenmolen in die See gerissen.
Das war die Situation, mit der sich die Segler in der Nacht von Montag auf Dienstag und in den Morgenstunden des Dienstag konfrontiert sahen. Doch für einige sollte es noch schlimmer kommen.
Die Labadie-Bank ist auf den Seekarten als fischförmiges Gebilde verzeichnet, etwa auf halbem Wege zwischen Land's End und dem Fastnet-Felsen. Jeder Navigator, der einen Kurs zwischen diesen Punkten absetzt, wird keinen Grund sehen, seine Linie um die Labadie-Bank herumzuführen und einen Umweg zu machen. Die Wassertiefe auf der etwa 30 Seemeilen langen und knapp zehn Seemeilen breiten Bank beträgt 80 bis 100 Meter – genug Wasser selbst für voll beladene Supertanker, geschweige denn für kleine Sportfahrzeuge.
Sollte der Navigator dennoch Bedenken haben, so mag er im Handbuch der irischen Küste (Irish Coast Pilot) nachblättern. Allerdings wird er auch hier nichts finden, das auf Gefahren hinweist. Es steht dort geschrieben: »Labadie-Bank, geringste bekannte Wassertiefe 34 Faden. Der Boden besteht aus feinem weißen Sand mit roten und schwarzen Flecken. Ungefähre Position 50 Grad 30 Minuten Nord, 80 Grad 15 Minuten West.«
Was hier so nüchtern, harmlos beschrieben wird, war der Grund, weswegen das Fastnet-Rennen zur größten Katastrophe im Segelsport wurde. Wer in jener Nacht auf der Labadie-Bank stand, weiß, wie mörderisch die See dort sein kann.
Wie die Befragung Betroffener nach der Regatta ergab und wie sich deren Aussage mit den Erfahrungen der Retter deckt, wurden in diesem Gebiet mehr Yachten von der See zerschlagen, entmastet und durchgekentert als in allen anderen Teilen des Regattafeldes zusammen.

Der schwere Sturm mit Orkanböen, der am Montag, dem 13. August, über die Irische See hinzog, wühlte das Wasser über dem Kontinentalschelf zu gewaltigen Seen auf. Wie eine Barriere stellte sich die um 100 Meter flachere Labadie-Bank der See in den Weg. Als schlüge sie gegen eine Mauer, bäumte sich die See auf, brach sich, lief kreuz und quer gegeneinander. Segler, die in dieses Inferno gerieten, berichten übereinstimmend dasselbe:
»Es war, als segelten wir durch Alpengletscher. Man konnte gegen den Wind nicht atmen. Aus einer Richtung kamen gewaltige Seen mit brechenden Köpfen. Aber aus einer anderen Richtung kamen ebenfalls brechende Seen. Am schlimmsten war es dort, wo die Seen sich trafen.«
Major Maclean, Heeresoffizier und Skipper der Yacht FLUTER:
»Der Wind schrie, wie ich es bisher erst einmal gehört habe – nämlich in einer Schutzhütte auf dem Gipfel eines schottischen Berges. Um uns herum waren Brecher. Ihre Köpfe wehten horizontal ab und klatschten mit Regen vermengt gegen uns. Die Brecher waren aber nur die Spitzen wahrer Monsterseen, die sich vor uns, hinter uns, neben uns, aufbäumten. Sie rissen unser Boot in die Höhe, so daß wir in einer Minute einen weiten Ausblick über die See hatten, in der nächsten Minute verschluckte uns ein Wellental, wo wir 10, 20 Meter tiefer im Schatten des nächsten Riesen lagen. Einige Seen schienen nur aus kochendem Schaum zu bestehen, wenn sie mit einer querlaufenden See kollidiert waren. Andere leuchteten tiefgrün, wenn der Schaum vom Wind davongerissen war. Ansonsten war die See schwarz.«
Sturmseen dieser Art marschieren mit Geschwindigkeiten bis zu 30 Knoten. Jeder, der die Gewalt sich brechender Seen am Strand schon einmal erlebt hat, ahnt, was sich in jener Nacht auf der Labadie-Bank abgespielt hat.
Die Bedingungen auf der Labadie-Bank waren für sich allein genommen schon schlimm genug. Hinzu kam aber noch eine im Verlauf des Sturmes stattfindende Winddrehung von 130 Grad, von Süd auf Nordwest, die eine extreme Kreuzsee zur Folge hatte. Auch Tidenströmungen trugen zur Konfusion der See bei. Es fehlte kein Faktor, der die Sache nicht böser machte.
Es war das Pech der kleineren Yachten in der Fastnet-Flotte, daß gerade

sie auf der Labadie-Bank standen, als der Sturm am schlimmsten wütete. Dennoch war auch für die großen Yachten das Fastnet-Rennen keine Spazierfahrt.

»Du mußt das Wetter fühlen«

»Jobson, nimm deinen Hut ab!« Ted Turner schrie es seinem Mitsegler Gary Jobson zu, »du mußt das Wetter fühlen!« Dann übergab er ihm das Ruder der TENACIOUS. Während der nächsten vier Stunden stand Jobson ohne Kopfbedeckung am Ruder und steuerte die 20-Meter-Yacht durch die stürmische See.

Ted Turner, der exzentrische Medien-Millionär aus Atlanta im amerikanischen Bundesstaat Georgia, ist bereits zu Lebzeiten eine Legende. Mit dem umgebauten America's Cup-Zwölfer AMERICAN EAGLE stellte er 1971 einen Rekord im Fastnet-Rennen auf, der bis zur Sturmfahrt 1979 Gültigkeit hatte. 1977 gewann Turner die höchste Auszeichnung, die es im Segeln überhaupt zu erreichen gibt – den America's Cup.

Wo immer eine bedeutende Hochseeregatta gesegelt wird, Turner ist dabei und nicht selten der Sieger. Wie kaum ein anderer Segler hat er in den letzten zehn Jahren diesen Sport geprägt. Mitsegler weiß er gelegentlich durch seitenweises Aufsagen von Joseph Conrad-Romanen zu erfreuen. Weniger Freude bereitet dagegen sein Baseball-Team »Atlanta Braves«, das seit Jahren immer wieder gegen den Abstieg aus der höchsten amerikanischen Liga kämpft.

Turners Eigentum ist auch die TENACIOUS (ex DORA), eine von Sparkman & Stephens konstruierte und im konventionellen Stil sicher und schwer gebaute Ozean-Rennyacht. Was dem Schiff an Leichtigkeit und Wendigkeit gegenüber ihrer modernen Konkurrenz fehlt, machen Turner und seine Crew durch bravouröse Manöver und bestechende Taktik wett. In schwerem Wetter fühlt sich ein Schiff wie TENACIOUS zu Hause.

Die Fastnet-Regatta ist ein Muß im Terminplan dieses schillernden Mannes.

In gewohnt professioneller Manier brachte die Mannschaft das in Klasse 0, der Klasse der Maxi-Yachten, gestartete Schiff nach dem Start in Cowes zügig voran. Niemand war verwundert, als die TENACIOUS bereits

Als das Rettungsboot von den Scillies, GUY AND CLAIRE HUNTER *(20), die Nase auf die offene See steckte, wurde es von schweren Brechern empfangen. Die Besatzung stand teilweise bis zur Brust im Wasser.*
Fastnet Rock (21) und Leuchtfeuer, die gefürchtete Wendemarke vor der irischen Küste, am Nachmittag des 13. August. Augenzeugen berichten, daß die Gischt in der darauffolgenden Sturmnacht bis an den oberen, 54 Meter hohen, Feuerträger wehte.
Brechende Seen wie diese wurden vielen Schiffen in der Nacht zum Verhängnis. Dieses Foto wurde in den frühen Morgenstunden des Dienstag aufgenommen, an Bord der TENACIOUS *(22) bei Windstärke 10. Die Wache kauert frierend, naß und angeleint in Luv.*
Das Rettungsboot von Courtmacsherry in Irland hat die ruderlos treibende französische Yacht CASSE TÊTE V *(23) gefunden. Trotz der schweren See gelang es, eine Leinenverbindung herzustellen (24) und die havarierte Yacht in Schlepp zu nehmen. Gespannt blickt die Mannschaft voraus, um zu sehen, ob die Leine hält.*
Mit halber Kraft geht es nun in den nächsten Hafen (25). Auf dem Heck kauern erschöpft zwei Rettungsmänner. Das Boot von Courtmacsherry ist seit Mitternacht unterwegs.

23

24

25

26

27

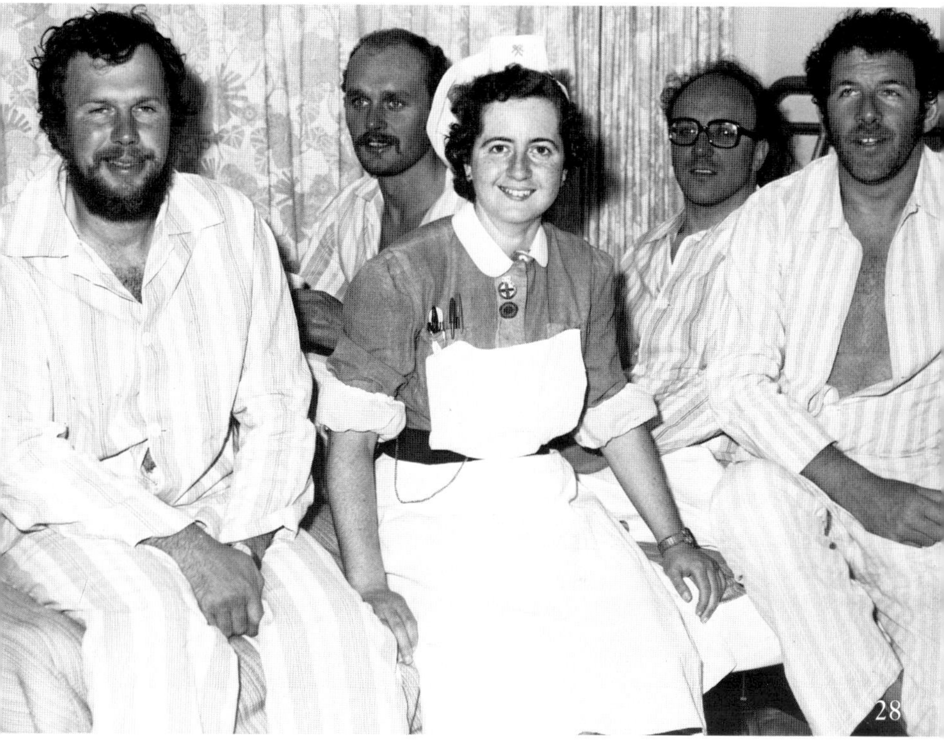

28

29

31

32

K
3709
CAVALE
E. BRAMBLE

2

Ein Sea King-Hubschrauber wird für den Start fertiggemacht. Die Crew bespricht letzte Einzelheiten (26).
Mit Leinen wurde der Spinnakerbaum am Heck der TINA *festgebunden (27). Dieses Notruder bewährte sich mehr schlecht als recht auf der Fahrt nach Cork, dem Nothafen.*
Im Hospital der Luftwaffenbasis HMS Culdrose erholen sich vier Crewmitglieder der französischen Yacht TARANTULA *(28), nachdem sie von ihrem Schiff von Hubschraubern abgeborgen wurden. Für die richtige Pflege sorgt eine freundliche Krankenschwester.*
Die französische SANDEPPE II *verlor in der Sturmnacht ihren Mast. Mit einem Notsegel am aufgestellten Spinnakerbaum (29) hält die Yacht Kurs auf Plymouth.*
Die gerettete Mannschaft der französischen Yacht CAMARGUE *entledigt sich im Hospital von Culdrose der nassen Kleidung (30). Trotz des Lächelns sieht man den Männern die gerade überwundenen Strapazen an.*
Ein britisches Rettungsboot erreicht den Hafen mit einer havarierten Yacht (31).
Der holländische Zerstörer OVERIJSSEL *(32) diente als Begleitschiff der Regatta. Ein Wassereinbruch im Maschinenraum setzte das 3500-Tonnen-Schiff während der Nacht für 15 Minuten außer Gefecht.*
Schweres Wetter im Solent machte allen Regattayachten zu schaffen. Die Spinnaker waren in den harten Böen nicht mehr zu bändigen (33).
Eine Yacht hat den Fastnet-Felsen gerundet und nimmt nun Kurs auf die Scilly-Inseln (34). Das Fastnet-Rennen gilt unter Seglern nach wie vor als die größte Herausforderung.

um 6 Uhr 30 am Montagabend den Fastnet-Felsen rundete – weit vor sehr viel größeren Yachten der eigenen Klasse. Ein paar Stunden später kam auch die TENACIOUS in den schwersten Sturm ihres Lebens.
Jane Potts (28), die Köchin an Bord der Yacht, war gerade dabei, das Fleisch aus dem kardanisch aufgehängten Ofen in der Kombüse zu nehmen, als die TENACIOUS zum ersten Mal von einer Sturmbö flach aufs Wasser gedrückt wurde und der Braten auf den Boden kullerte. Grimmig befahl Turner, die Segel weiter zu kürzen und rief seiner Mannschaft denn in seiner unnachahmlichen Art zu: »Wir liegen in Führung und werden die ganze verdammte Sache gewinnen. 1971 haben wir hier den Rekord aufgestellt, und jetzt werden wir einen neuen Rekord aufstellen!«
Nicht viel später kämpfte auch die TENACIOUS nicht mehr um die Führung, sondern ums Überleben. Gegen 8 Uhr übergab Turner das Ruder seinem Wachführer Jobson, einem Mann, dem er wie keinem anderen vertraut und der Taktiker an Bord der COURAGEOUS beim America's Cup-Sieg 1977 war.
In der Nacht geschah dann etwas, was es an Bord der TENACIOUS noch nie gegeben hatte. Das Großsegel wurde vollständig geborgen. Allein unter Genua IV lief das gewaltige Schiff durch die konfuse See. Auch unter dieser kleinen Besegelung war das Schiff kaum auf Kurs zu halten. Die Freiwache unter Deck stellte fest, was niemand bisher für möglich gehalten hatte. Die TENACIOUS leckte.
Schon kurze Zeit nachdem Jobson das Ruder übernommen hatte, war er durch Gischt und Regen blind, durch das Gebrüll des Windes und der Wogen fast taub geworden. Die acht Mann seiner Wache saßen angeleint, dick in Ölzeug und Pullover verpackt, eng aneinandergeschmiegt in Luv.
Da tauchten voraus plötzlich tanzende rote, grüne und weiße Lichter auf – ein Anblick, der schrecklicher war als die wilde See. Die TENACIOUS geriet geradewegs in das Feld der kleineren, entgegenkommenden Yachten. Der Steuermann konnte kaum sehen und hörte nun die Schreie seiner Mitsegler: »Fall ab, fall ab, Boote direkt voraus!« Wie Geister tanzten die Lichter in wenigen Metern Entfernung vorbei. Wenn ein Schiff wie die TENACIOUS im Grenzbereich gesegelt wird, wie mußte es dann auf diesen kleinen Booten aussehen?

»Das ist keine Regatta mehr, das ist eine Tragödie.«

Einem Meteor gleich raste die TENACIOUS durch die Nacht. Vier Stunden später kroch die Freiwache naß und durchfroren unter Deck, mitten in ein Durcheinander von Seekrankheit, Diesel und Küchengerüchen. Auch an Bord dieses Schiffes schien die Orkannacht wie eine Ewigkeit. 79 Stunden, 52 Minuten und 22 Sekunden nach dem Start in Cowes durchsegelte die TENACIOUS als fünfte Yacht die Ziellinie vor Plymouth. Kaum hatte das Schiff im Hafen festgemacht, wurde ein Mann in die Wettfahrtleitung geschickt, um sich nach den Ziel-Durchgangszeiten der Konkurrenz zu erkundigen. Als er zurückkam, verging auch Ted Turner das Lachen. »Mein Gott«, berichtete der Mann, »da oben stehen ein Haufen Leute und die weinen alle und fragen, ob wir etwas von ihren Ehemännern oder ihren Freunden gehört haben. Das ist keine Regatta mehr, das ist eine Tragödie.«
Aber Ted Turner hatte seinen Sieg. Er wurde nach berechneter Zeit Gesamtsieger der Fastnet-Regatta 1979 – nur hatte er keinen neuen Kursrekord aufgestellt. Diese Ehre kam CONDOR OF BERMUDA zu, dem größten Schiff der Flotte.
Wie erging es den anderen großen Schiffen der Klasse 0?
BOOMERANG, mit 21 Metern Länge noch etwas größer als TENACIOUS, rundete Fastnet-Rock drei Stunden später. Als der Sturm über sie herfiel, wurden auch auf diesem Schiff bis auf die Genua IV alle Segel geborgen. Doch bald war auch diese kleinste Genua nicht mehr zu tragen und mußte gegen die Fock ausgetauscht werden. Obwohl das Schiff bereits vor dem Wind ablief, wurde es mehrmals in den Böen derartig aufs Wasser gepreßt, daß die Crew Schot und Fall der Fock zerschnitt und das wild schlagende Tuch vom Orkan davonreißen ließ. Nur unter Sturmfock, dem kleinsten Segel an Bord, surfte die riesige Yacht mit unglaublicher Geschwindigkeit die Seen hinunter.
Auch die BOOMERANG geriet in einen Pulk von entgegenkommenden Yachten, die alle unter Topp und Takel trieben oder beigedreht lagen. Bei den meisten Schiffen war an Deck niemand mehr zu sehen. Viele Notrufe wurden von BOOMERANG angenommen und mit ihrer weitreichenden Funkanlage weitergegeben.

Zu dem Zeitpunkt, als die BOOMERANG unter Sturmfock kaum kontrollierbar durch die Nacht glitt, ging es auf einem anderen Schiff, das etwa 50 Seemeilen nordwestlich stand, ganz geordnet zu. Die TOSCANA, eine amerikanische Swan 47 mit dem Schriftsteller John Rousmaniere an Bord, machte unter dreifach gerefftem Großsegel und Fock kaum mehr als zehn Knoten Fahrt. Die See ging zwar hoch, war aber gut auszusteuern. So unterschiedlich sahen die Bedingungen in einem verhältnismäßig eng begrenzten Gebiet aus.

Ein anderer Maxi-Racer ist die australische SISKA, ein extremer Leichtbau, 26 Meter lang, im Besitz des Segelmachers Rolly Tasker. Ihr Kurs führte wie der anderer großer Yachten zum Höhepunkt des Sturms am Rande der Labadie-Bank entlang. Ein Crewmitglied sagte später:

»Die See war fürchterlich. Wir konnten uns gut vorstellen, was sie kleineren Yachten antun kann. Wir haben zwar weiter Regatta gesegelt, aber es ging um Leben und Tod, ehrlich . . .«

Erst als der Wind am Abend des Dienstag nachgelassen hatte, brach der Großbaum der SISKA.

Die amerikanische 15-Meter-Yacht ACADIA, in Charter für das argentinische Team segelnd und heute unter dem Namen BLÅ CARAT in Schweden, legte sich nach Aussage ihres Konstrukteurs German Frers zweimal soweit auf die Seite, daß die Salinge das Wasser berührten. Ebenso ging es der amerikanischen WILLIWAW, einem Schwesterschiff der TINA.

Die JAN POTT, etwa genauso groß, kenterte durch und verlor ihren Mast. Auch Edward Heath, dem ehemaligen britischen Premier und Teamkapitän seines Landes, wurde böse mitgespielt. Seine MORNING CLOUD rundete Fastnet gegen 1 Uhr 30. Zweieinhalb Stunden später legte ein Brecher die Yacht flach. Zwei Mann der Crew hingen am Ende ihres Lifebelts am Kiel des nahezu kopfüber liegenden Schiffes. Dieses Erlebnis nahm Heath den Schneid weiterzusegeln. MORNING CLOUD drehte bei und ließ die Regatta Regatta sein.

Heath hatte schon immer Pech mit seinen Schiffen. Im Channel Race, kaum eine Woche zuvor, war ihm das Ruder gebrochen, und 1974 sank seine damalige MORNING CLOUD in einem Sturm vor der englischen Südküste. Heath war damals nicht an Bord, aber zwei Mann seiner Crew verloren ihr Leben, darunter auch sein Patensohn.

Jede See war anders

Die australischen Segler sind von ihrem Heimatrevier her Stürme gewöhnt. Sie hatten sich in den vorausgegangenen harten Regatten des Admiral's Cup für ihr Team eine hervorragende Ausgangsposition ersegelt – in erster Linie dank dem guten Abschneiden der POLICE CAR, einer zwölf Meter langen Leichtbaukonstruktion des Briten Ed Dubois. Auch im Fastnet-Rennen gelang es ihnen, ihre drei Schiffe, POLICE CAR, IMPETUOUS und RAGAMUFFIN sicher über den Kurs zu bringen. Das reichte für einen großen Vorsprung in der Gesamtwertung und den Gewinn des Admiral's Cup.

Allerdings hat es auch an Bord der POLICE CAR Probleme gegeben. Nur unter Sturmfock lief die Yacht nach dem Runden des Felsens ab. Dreimal wurde sie von der See bis zu einem Winkel von 120 Grad niedergedrückt. Die Crew vermutete, das Schiff sei zu langsam, um vor der See ablaufen zu können. So erhöhte man die Fahrtgeschwindigkeit durch leichtes Anluven und Dichternehmen der Fock. Am Ruder saß Chris Bouzaid, mehrfacher Gewinner des Eintonner-Pokals und einer der erfahrensten Hochseesegler der Welt. Er beschrieb die Situation später so:

»Jede See war anders. Einige konnten wir genau von achtern nehmen, andere waren viel zu steil, um das zu machen. Man denkt immer, die Wellen seien wie eine Wurst, die durch das Wasser rollt. Hier war das anders, denn keine See glich der anderen und fast alle brachen sich. Wir versuchten, immer wieder Haken um die Brecher zu schlagen, ein kleines Wellental zu finden, in dem wir anluven oder abfallen konnten. Man gewöhnte sich daran, den Brechern auszuweichen. In den folgenden vier Stunden wurden wir nur einmal voll getroffen, und das lag daran, daß sich der Steuermann unterhalten hatte, ohne sich auf seine Aufgabe, das Steuern, zu konzentrieren.«

Es gab schließlich andere Teilnehmer der Fastnet-Regatta, von denen man glauben könnte, sie hätten ganz woanders gesegelt. Eines dieser Schiffe war die ECLIPSE, die spätere Gesamtsiegerin der Admiral's Cup-Einzelwertung.

Die ECLIPSE befindet sich im Besitz des Bootsbauers Jeremy Rogers, ist elf Meter lang, konstruiert von dem Amerikaner Doug Peterson (der an Bord

der TINA den Ruderbruch miterlebte) und kleinstes Schiff der Cup-Flotte.
Bei zunehmendem Wind surfte sie mit 15 Knoten unter Spinnaker Kurs Nordwest. Für ein Schiff dieser Größe ist das eine außergewöhnliche Geschwindigkeit und nicht ungefährlich. Daher entschloß sich Bill Green, amerikanischer Wachführer auf dem britischen Schiff, den Spinnaker zu bergen. Statt dessen ließ er die Genua II setzen, doch auch sie erwies sich bald als zu groß. So kam schließlich die Sturmfock hoch, zusammen mit dem zweifach gerefften Großsegel, eine ideale Besegelung. Inzwischen hatte man sich auch auf der ECLIPSE dem Wetter entsprechend verpackt und Lifebelts angelegt. Immer noch war das Schiff sehr schnell auf dem raumen Kurs, und als es am Montagabend dunkel wurde, war das Feuer des Fastnet-Turms gerade eben zu erkennen.
Um 23 Uhr wurde das Schiff bei 40 Knoten Wind (Windstärke 8 bis 9) in einer Bö flach auf die Seite gelegt. Erschrocken, aber unverletzt barg die Crew das Großsegel und ließ das Schiff allein unter Sturmfock weiterlaufen.
Es waren noch etwa zehn Seemeilen bis Fastnet, als von vorn die ersten größeren Yachten entgegenkamen. Einige passierten in unangenehm geringer Entfernung. Die Männer der ECLIPSE sahen, wie schwer die entgegenkommenden Yachten hoch am Wind zu halten waren, und weil ihnen dieser Kurs auch in Kürze drohte, entschloß man sich, eine gute Besegelung zu finden, solange Zeit war.
Der beste Kurs ergab sich mit 45 Grad am Wind, aber dazu brauchte man zumindest etwas Großsegeldruck. Also wurde das Großsegel mit drei Reffs gesetzt und die ECLIPSE-Crew näherte sich guten Mutes dem Turm. Sie hatten Glück.
Im gleichen Augenblick, als man sich zur Wende um den Felsen vorbereitete, ließ der Wind für ein paar Sekunden nach und drehte von SSW auf NW. Nach der Wende konnte die kleine Yacht also auf entgegengesetztem Kurs mit gleichem Windeinfall weitersegeln. Alle anderen Boote, die nach ihr kamen, mußten zum Felsen aufkreuzen und hatten zum Teil erhebliche Schwierigkeiten, zwischen dem Fastnet-Felsen und der irischen Küste eine Wende zu fahren.

Für ECLIPSE ging es nun wieder unter Sturmfock allein auf Heimatkurs, mit sieben Knoten Geschwindigkeit. Die Wachen wurden normal weitergefahren. Zwei Mann saßen im Cockpit, zwei saßen voll angezogen unter Deck, und die anderen schliefen oder aßen. Ohne Probleme erreichten Schiff und Mannschaft den Zielhafen.

»Ich habe das Schiff geprügelt wie nie zuvor«

Am Dienstag, dem 14. August, herrschte im Zielhafen Plymouth große Aufregung. In den Frühnachrichten war ausführlich über die sich anbahnende Katastrophe in der Irischen See berichtet worden. Es bildeten sich Menschenansammlungen unten am Millbay Dock, die stündlich wuchsen; immer mehr Touristen, Angehörige, Zeitungs- und Fernsehreporter fanden sich ein, auch von reiner Sensationslust Getriebene – und im Gegensatz dazu die ersten Gruppen von Frauen, wie sie seit Jahrhunderten Generation für Generation die Piers der englischen Häfen bevölkern, um ihre seefahrenden Männer zu erwarten.
Die Telefonleitungen waren blockiert von besorgten Anrufern, die sich nach den einzelnen Yachten erkundigten. Hunderte von Anfragen beim RORC mußten mit der Antwort beschieden werden: »Tut uns leid, wir haben noch keine Nachricht ...«
Das Zentrum des Sturms lag jetzt weit im Nordwesten, auf dem Wege nach Schottland, aber seine Ausläufer peitschten noch mit heftigen Böen und Schauern über Cornwall und Devon.
Gegen Mittag starrten zwei Frauen, Jane Turner und Sue Tattersall, auf der Fahrt nach Plymouth angestrengt durch die hin und her huschenden Scheibenwischer ihres Wagens. Janes Verlobter war an Bord der ACADIA, einer amerikanischen Admiral's Cup-Yacht, von der es »noch keine Nachricht« gab. Jane hatte Sue mit Neil Harvey bekannt gemacht, einem anderen Mitglied der ACADIA-Crew. Die beiden hatten nach den ersten Radionachrichten ihren Arbeitsplatz in Lymington verlassen, um an Ort und Stelle auf Meldungen zu warten.
Ob man aus den eintreffenden Berichten etwas erfuhr, war reine Glückssache. Die Identifizierung der Yachten war fast unmöglich. Als am frühen Nachmittag der Himmel etwas heller wurde, erspähten ein paar

Leute auf den windigen Höhen in Plymouth, von denen man weit über den Kanal blicken kann, am westlichen Horizont ein kleines Segel. Mit der Zeit wurde das Segel größer, und Beobachter mit Ferngläsern konnten einen blauen Spinnaker erkennen, der die große CONDOR OF BERMUDA mit weißem Schaumkragen vor dem Bug auf die Ziellinie zutrug.

Der letzte Kurs war der schnellste gewesen. Während der Nacht hatte Skipper Peter Blake das Schiff unter kleinsten Segeln vorangehetzt. Noch vor Morgengrauen umsegelten sie die Scilly-Inseln und gingen für die letzten 100 Meilen auf einen Kurs mit raumem Wind. Als der Windmesser auf 40 Knoten gesackt war, setzten sie den blauen Spinnaker, der sie schon auf einer Regatta rund um die Erde durch die Brüllenden Vierziger gebracht hatte. Es wurde der wildeste Ritt ihres Lebens.

»Ich habe das Schiff geprügelt wie nie zuvor«, berichtete Blake nach dem Rennen stolz. Als sie sich der Ziellinie näherten, machten sie achteraus ein weiteres Segel aus, das bald als Spinnaker der amerikanischen KIALOA identifiziert wurde. Sie hatten ihre ärgste Konkurrentin, ohne daß sie es bemerkt hatten, in der Nacht überholt. Trotz ihrer totalen Erschöpfung brach an Bord ein Freudengeheul aus.

Gebührend bestaunt ging die CONDOR OF BERMUDA als erstes Schiff der Flotte um 13 Uhr 55 am Wellenbrecher der Hafeneinfahrt durchs Ziel. Damit war der Kursrekord um 7 3/4 Stunden unterboten. 28 Minuten später kreuzte KIALOA die Ziellinie, nach weiteren vier Stunden folgte die australische SISKA – mit gebrochenem Großbaum.

Als die ersten Yachten festmachten, waren die Zeitungen in aller Welt voll von falschen oder verzerrten Meldungen über die Regatta. Nicht gemeldete Schiffe wurden als gesunken betrachtet, gesunkene als heil durchgekommen – es herrschte ein völliges Durcheinander.

So kam es, daß Kathy Mattingly, die Frau eines der beiden Wachführer auf der TENACIOUS, beim Frühstück in Greenwich, Connecticut (USA), aufgeregt von einer Freundin angerufen wurde, die eben im Radio gehört hatte, das Schiff sei mit der gesamten Besatzung untergegangen. Während Kathy am Telefon nach Fassung rang, rauschte TENACIOUS mit 14 Knoten Fahrt aufs Ziel zu. Turner selbst saß am Ruder, als sein Schiff am Abend bei leuchtendem Mondlicht um 22 Uhr 22 über die Ziellinie lief.

Das endlose Warten

Für Jane Turner und Sue Tattersall hatte sich die Situation kaum geändert. Noch immer kam es zu keinem definitiven Bescheid über das Schicksal der ACADIA-Crew.

Die ganze Stadt hatten sie abgeklappert, um jeden Fastnet-Teilnehmer, auf den sie stießen, nach der ACADIA auszufragen. Sie waren beim Yachtclub gewesen und bei der Wettfahrtleitung; sie hatten im Hafen, an Straßenecken und in Lokalen mit Peter Blake und seiner Crew gesprochen, mit Leuten von der SISKA, der MISTRESS QUICKLY und der KIALOA. Niemand konnte ihnen Auskunft geben.

Seit dem frühen Morgen hatten die Hubschrauber von Culdrose 72 Segler an Land gebracht, doch auch sie hatten von der ACADIA weder etwas gesehen noch gehört. Seenotkreuzer und Rettungsboote hatten Überlebende und Leichen geborgen und waren draußen auf der dunklen See immer noch an der Arbeit. Aber in keiner ihrer Meldungen war die ACADIA erwähnt.

Doch die beiden Frauen ließen sich nicht entmutigen. Doch sosehr sie einander aufzuheitern suchten, die bange Erwartung, die in dieser Nacht wie eine Wolke über Plymouth lag, teilte sich ihnen mit. Statt wie sonst nach einer Regatta beim Feiern Dampf abzulassen, standen die jungen Leute von den Yachten ruhig mit Bierdosen in der Hand in den mondhellen Straßen und redeten über die Ereignisse, über ihre Boote und ihre Kameraden und darüber, was sie während des Sturms alles getan und nicht getan hatten.

Nach und nach trat allenthalben Stille ein. Viele spürten die allgegenwärtige Seefahrervergangenheit der Stadt. Auf der Hoe, der Erhebung am Hafen, wo vor fast 400 Jahren die englischen Admirale gekegelt hatten, als die Nachricht eintraf, die spanische Armada sei gesichtet worden, blieben drei Männer einer Crew vor dem Denkmal des Admirals stehen, der seinerzeit mitgeholfen hatte, die Landung der Spanier in England zu verhindern. Die ernst auf den Ärmelkanal hinausblickende drei Meter hohe Bronzestatue stand glänzend vor dem Mondhimmel. Auf dem Sockel lasen sie nur ein Wort: Drake.

Ob es auf See damals so viel anders zugegangen war? Im Grunde hatten ja die Atlantikstürme die spanische Flotte vernichtet. Die Engländer hatten der Armada zugesetzt, sie durch Brander geschwächt und die Ostküste hinauf nach Schottland gejagt; was aber der Hälfte der spanischen Schiffe den Untergang gebracht hatte, waren die Stürme.

Als die Frauen am anderen Morgen noch in ihren Betten lagen, war die ACADIA im Begriff, sich in der Cup-Wertung einen guten Platz zu sichern. Um 7 Uhr 19 erreichte sie die Ziellinie. Im Hafen erhielten Neil Harvey und Sam Baderick die Nachricht, die die beiden jungen Frauen für sie hinterlassen hatten, und riefen sie in ihrer Pension an. Jane Turner und Sue Tattersall kamen, und die vier frühstückten zusammen.

DIE HÄRTESTE REGATTA DER WELT

Alle zwei Jahre, in den letzten Tagen des Juli, findet auf der kleinen Insel Wight, vor der Südküste Englands, eine Invasion statt. Die Eindringlinge sind, nicht viel anders als die Wikinger vor tausend Jahren, erfahren im Umgang mit schnellen Segelschiffen, kräftig gebaut, braungebrannt und scheuen keinen Sturm. Sobald sie festes Land unter den Füßen haben, neigen sie zum Trunk und zur Gewalttätigkeit, stellen den einheimischen Mädchen nach und machen jeglicher Staatsautorität das Leben schwer. Die Wikinger der heutigen Tage nennen sich Hochseesegler und hier, in den Gewässern um Cowes, tragen sie ihre Weltmeisterschaft aus. Die Trophäe für die Segler aller Kontinente heißt Admiral's Cup. Den Preis zu besitzen, heißt, ungekrönter Herrscher der Sieben Weltmeere zu sein, bis es nach zwei Jahren erneut zum Wettkampf kommt.

Die Geschichte des Admiral's Cup

America's Cup und Admiral's Cup – diese beiden Begriffe sind untrennbar mit der Geschichte der Sportsegelei verbunden. Beide Ereignisse haben ihren Ursprung in dem Bemühen zweier großer seefahrender Nationen, Großbritannien und der Vereinigten Staaten von Amerika, ihre Vormachtstellung auf See zu demonstrieren, ohne dabei zu Feuerwaffen greifen zu müssen. Den America's Cup haben die Briten vor mehr als 100 Jahren, wie es scheint für immer, an die Amerikaner verloren. Den Admiral's Cup konnten sie, seit seiner Stiftung, gegen große Konkurrenz aus aller Welt oft genug gewinnen. Damit bewiesen sie ihre Vormachtstellung im Hochseesegelsport und sorgten dafür, daß der

Solent, jene strömungsreiche und von vielen Sandbänken durchzogene Meerenge zwischen der Isle of Wight und dem britischen Mutterland, heute wie vor 200 Jahren Nabel der Seglerwelt und Mekka aller Hochseesegler geblieben ist. Die Admiral's Cup-Regatten sind eine relativ junge Einrichtung, sie entstanden erst im Jahre 1957, haben aber seitdem immer für internationales Interesse gesorgt.
Nach dem Zweiten Weltkrieg wuchs die Flotte der Hochseeyachten im Zuge der aufblühenden Wirtschaft zu bisher ungeahnter Größe. Zentrales Ereignis dieses zu neuen Dimensionen strebenden Sportes waren die alljährlichen Transatlantik-Regatten, das Nonplusultra aller derjenigen, die ihre Geschwindigkeit über lange Strecken, wie zu Zeiten der großen Klipper, miteinander messen wollten. In diesem Bereich besaßen die Amerikaner eine eindeutige Vormachtstellung. In der Bedeutung nach den Transatlantik-Regatten stand an zweiter Stelle das Fastnet Race, jene klassische Ozean-Regatta, die im Anschluß an die Cowes-Woche nach Südirland und zurück nach England führte.
Die Amerikaner nahmen an diesem großen europäischen Rennen gern teil, und die Engländer freuten sich, den starken Gegner in eigenen Gewässern testen zu können. Um einen regelmäßigen, direkten Vergleich der beiden Nationen zu ermöglichen, setzte der Royal Ocean Racing Club in London einen Teampreis aus, um den jeweils drei Yachten pro Nation für eine abschließend zu ermittelnde Gesamtwertung streiten. Der damalige Admiral des Clubs, Sir Myles Wyatt, stiftete einen vergoldeten Pokal, der unter dem Begriff Admiral's Pokal in die Geschichte der Segelei einging. Dieser Preis wird seitdem alle zwei Jahre, in den ungeraden Jahrgängen, vor Südengland ausgesegelt. Die Cowes-Woche, die jedes Jahr Anfang August auf dem Solent ausgetragen wird, bildet den Rahmen zu diesem bedeutenden seeseglerischen Ereignis.

Den Tendenzen der modernen Hochseesegelei Rechnung getragen

Ob bewußt oder unbewußt, die Organisatoren des Admiral's Pokals haben in der Zusammenstellung der einzeln zu wertenden Regatten eine glückliche Hand gehabt und Tendenzen in der Hochseesegelei Rechnung getragen, die sich 1957 erst in Ansätzen bemerkbar machten. Die Hoch-

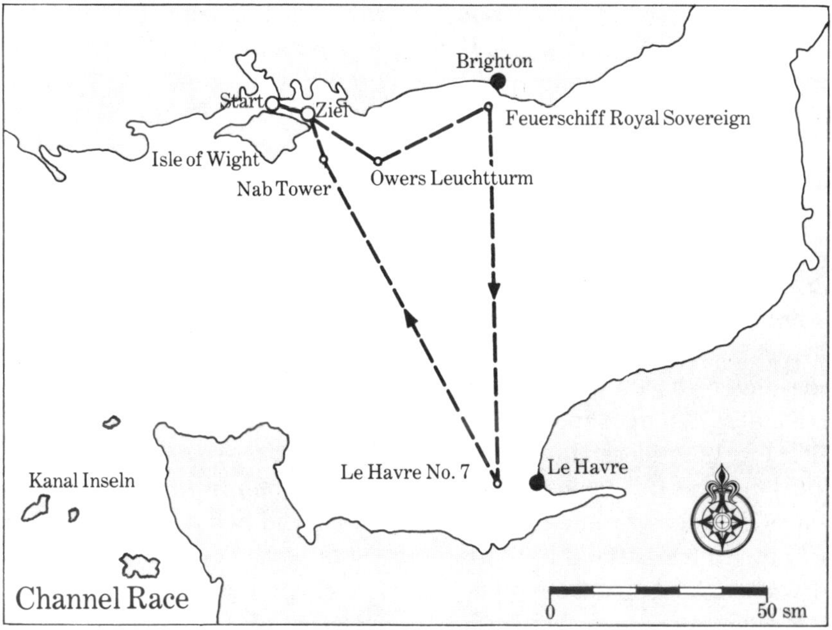
Brighton
Start
Ziel
Feuerschiff Royal Sovereign
Isle of Wight
Nab Tower
Owers Leuchtturm
Kanal Inseln
Le Havre No. 7
Le Havre
Channel Race
0
50 sm

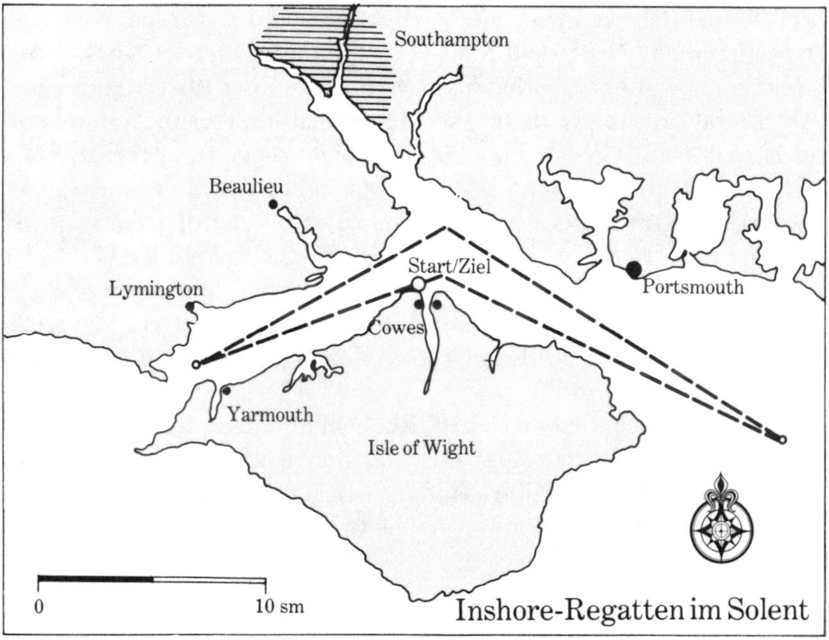
Southampton
Beaulieu
Start/Ziel
Lymington
Portsmouth
Cowes
Yarmouth
Isle of Wight
0
10 sm
Inshore-Regatten im Solent

seesegler rückten in den folgenden Jahren von den reinen Atlantikrennen, in denen die Segler über lange Distanzen gegen einen meist unsichtbaren Gegner kämpften, immer mehr ab. Populär wurden nun die kürzeren Küstenregatten, wo Schiff gegen Schiff auf engstem Raum segelt sowie die harten Mittelstreckenregatten, in denen auch Navigation und weiträumige Technik gefordert werden. Da lag die Admiral's Cup-Serie mit ihrer breiten Mischung aus langen und kurzen Rennen gerade richtig. Bis ins Jahr 1975 bestand die Regattaserie aus folgenden Rennen:
Channel Race, 220 Seemeilen, doppelte Punktwertung
Inshore Race im Solent, 35 Seemeilen, einfache Punktwertung
Fastnet Race, 600 Seemeilen, dreifache Punktwertung.
Jede dieser Regatten hat ihre besonderen Eigenschaften und liegt mal dem einen, mal dem anderen Schiff besser. Während der Admiral's Cup, mit seiner besonderen Betonung der langen Regatten, einst ausschließlich eine Domäne für Langstreckensegler war, haben in den vergangenen Jahren immer mehr junge Jollensegler Ruder und Schot der IOR-Schiffe bedient. Ihnen ist eine Langstreckenregatta vom Typ des Fastnet Race notwendiges Übel, das sie auf der hohen Kante, mit Cola und Schokolade im Bauch, abreiten.
Das Channel Race kann ohne Schlaf durchgestanden werden, weil es nur 220 Meilen mißt. Nach dem Start vor Plymouth führt der Kurs, je nach Windlage, zuerst entlang der englischen Küste über Owers zum Feuerschiff Royal Sovereign, dann über den Kanal hinüber nach Frankreich und zurück zum Ziel am Eingang des Solent – oder umgekehrt. Dabei wird ein fast gleichseitiges Dreieck abgesegelt, ein überdimensionaler olympischer Kurs sozusagen. Die Erfahrung hat allerdings gezeigt, daß der Wind selten so weht, daß eine richtige Kreuz entsteht. Daher sind im Channel Race häufig Schiffe siegreich gewesen, die ausgezeichnete Raumwindeigenschaften hatten und nicht allzu groß waren. Die großen IOR-Yachten können auf Raumkursen ihre Vergütung nur schwer heraussegeln.
Die drei Küstenregatten im Solent, die Inshore Races, hingegen sind ein Leckerbissen für Jollensegler. Hier werden taktisches Verhalten und ausgezeichnete Schiffsbeherrschung zu den entscheidenden Faktoren. Unerläßlich ist es, die Strömungsverhältnisse zu kennen und zu wissen,

welche Sandbänke zu welcher Zeit der Tide noch zu übersegeln sind. Damit gehört der Solent zu den schwierigsten Segelrevieren, die es überhaupt gibt, und wer hier auf vorderen Plätzen landet, kann sich zu den besten Seglern der Welt zählen. Während einer Regatta zur Cowes Week verwandeln Hunderte von bunten Spinnakern die gelbgrünen Fluten dieser Meerenge in eine wahre Orgie von Farben. Und wenn die Riesenyachten beim Aufkreuzen bis wenige Meter an das Ufer heransegeln, bietet sich dem Betrachter ein herrliches Bild, das er gewöhnlich nie zu sehen bekommt. Hier hat die See tatsächlich noch Tribünen.

Fastnet – die Entscheidung

Vor dem abschließenden Fastnet Race ist in der Admiral's Cup-Wertung im allgemeinen noch alles offen, und schon mancher vermeintliche Sieger ist in der Irischen See in der Flaute versauert oder hat im Sturm das Schiff gerade noch heil über die Runden gebracht. Der Kurs zum Fastnet-Felsen läuft genau in der Zugrichtung der vielen Tiefs, die vom Atlantik her über den Kontinent ziehen. Sieht man von den letzten, sehr flauen Fastnet-Regatten ab, gehört das Fastnet zu den härtesten Seeregatten überhaupt. Insbesondere die stürmischen Rennen der fünfziger und sechziger Jahre und die Ereignisse von 1979 haben diese Regatta so berüchtigt gemacht. Die großen IOR-Yachten bekommen im Fastnet Race die Chance, ihre Vergütung gegen die kleineren Yachten herauszusegeln und sind daher für viele Teams der letzte Trumpf.
Der Admiral's Cup, einst entstanden, um den Transatlantikseglern durch ein weiteres Ereignis einen Anreiz zu geben, nach Europa zu kommen, bewirkte mit der Zeit eine Umkehrung und degradierte die Transatlantikregatten zu bloßen Zubringerwettfahrten für die Teilnahme an der Cowes-Woche und dem Weltcup. Angeheizt von der Nationenwertung, steigerte sich das Interesse weit über die Gemeinschaft der Segler hinaus, und in vielen Ländern nahm die Presse die Ereignisse und Hintergründe dieses Wettstreits zum Anlaß für große Reportagen. Heute ist es selbstverständlich, daß nicht einfach jeder Eigner sein Schiff für die Teilnahme am Admiral's Cup melden kann. Der Andrang ist in einigen Ländern schon so groß geworden, daß interne Ausscheidungsregatten

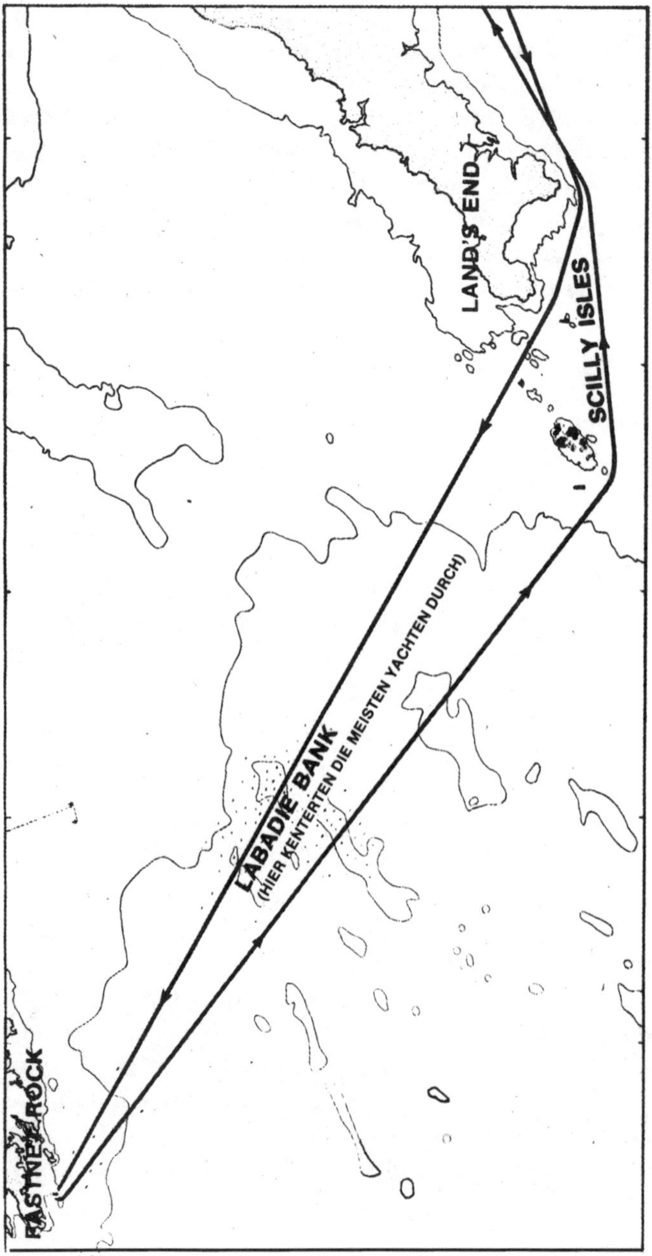

Der 220-Meilen-Kurs der Fastnet-Regatta. Die berüchtigte Labadie Bank liegt mitten in der Irischen See.

nach dem Vorbild der Cup-Serie ausgesegelt werden, in denen sich die besten Schiffe qualifizieren. Diese Vorentscheidungen sind häufig ebenso hart umkämpft wie die Admiral's Cup-Regatten selber.
Nicht jede hochseefähige Segelyacht kann sich an diesem Pokal beteiligen; Voraussetzung ist eine entsprechende Größe. Anfänglich umfaßte diese Größe Yachten der oberen Klasse, so zwischen 10 und 22 Metern. Nach Einführung der International Offshore Rule, der internationalen Vermessungsformel für Hochseeyachten, wurden die Klassen I und II zugelassen. Um jedoch einen besseren Vergleich herbeizuführen, engte der Veranstalter die Limits immer mehr ein. Man wird in ein paar Jahren etwa bei einer Schiffslänge von 15 Metern angelangt sein. Die Yachten können dann, Schiff gegen Schiff, fast ohne Vergütung gegeneinander segeln.
Der Admiral's Cup ist heute in der Segelei so bedeutend, daß Schiffe speziell für diese Regattaserie gebaut und konzipiert werden. Mit diesen Yachten müssen keine weiteren Seeräume auf endlosen Kursen vor dem Wind überwunden werden. Daher sind die großen, schwer und sicher gebauten Atlantikboote weitgehend von den Regattaschauplätzen verschwunden. Statt dessen ist ein hochtechnisierter, kleinerer und wendigerer Typ von Regattayacht entstanden, dessen Stärke in erster Linie auf Kursen hoch am Wind liegt. Um den Ansprüchen aller Kurse gerecht zu werden, sind eine Vielzahl von technischen Einrichtungen und eine Unmenge neuer Segel entwickelt worden. Der Ausbau unter Deck fiel immer mehr der erwünschten Leichtigkeit zum Opfer, so daß heute fast ausschließlich Yachten um die ersten Plätze segeln, die unter Deck leer wie eine Bahnhofshalle sind. Den meisten Platz nehmen die bis zu 20 verschiedenen Segel, in gewaltigen Säcken unter Deck verstaut, ein. Der Nachteil dieser Schiffskonstruktionen liegt auf der Hand. Nach zwei oder drei Jahren sind die Risse veraltet, das Material ermüdet und die Yachten kaum noch zu etwas zu gebrauchen. Eine hart gesegelte Regattayacht ist nach ein paar Jahren nicht mehr zu verkaufen.

Formel-I-Rennen auf See

Diese Entwicklung, die sich erst nach dem Pokal von 1975 andeutete,

zwingt die Verantwortlichen zu neuen Überlegungen. Schon schreibt die Formel gewisse Mindestausrüstungen der Yachten vor, doch schreiten die Entwicklung und Materialforschung im Bereich des Schiffbaus – nicht zuletzt angeregt durch Werkstoffe aus der Raumfahrttechnik – so schnell voran, daß fast alle Neuerungen in den Formelvorschriften zwangsläufig hinterherhinken. In gewisser Weise kann man die Admiral's Cup-Segelei mit den Formel-I-Rennen der Automobile vergleichen, nur daß die Segelyachten nicht in erster Linie von großen Firmen unterhalten werden, sondern von Privatleuten finanziert werden müssen.
1957, im ersten Jahr der Veranstaltung, nahmen wie erwartet nur Großbritannien und die USA an der Regattaserie teil. Die Briten konnten alle Trümpfe ausspielen, aus einer großen Zahl schneller Yachten die besten wählen und sich der ausgezeichneten Ortskenntnis bedienen. Sie gewannen den Pokal. 1959 stieß mit den Niederländern eine weitere bedeutende seefahrende Nation zu der angelsächsischen Konkurrenz. Aber auch mit vereinten Kräften gelang es nicht, den Briten ihren zweiten Sieg streitig zu machen. Erst bei der Regatta 1961, für die noch mehr Nationen meldeten, hatten die Amerikaner die Nase vorn. In den folgenden Jahren, 1963 und 1965, siegten wieder die Briten. 1963 starteten auch erstmals deutsche Yachten im Admiral's Cup.
Die Australier, wie die Amerikaner Verwandte der Briten, sehen in der Segelei eine Art Nationalsport. Zum Schrecken der Gastgeber konnten sie 1967 den Gesamtsieg erringen. Den ganz großen Durchbruch erlebte der Admiral's Cup jedoch erst 1971. Nachdem sich 1969 die Amerikaner wieder den begehrten Preis sichern konnten, traten 1971 immerhin 17 Nationen zum Gerangel um höhere Weihen an. Das war Grund genug für den Veranstalter, die Admiral's Cup-Yachten aus dem Gedränge der übrigen Cowes Week-Teilnehmer zu entfernen und allein starten zu lassen. Wieder gewannen die Engländer den Pokal.
Auch so exotische Länder wie Brasilien, Südafrika und Neuseeland konnten die Gastgeber nicht an ihrem fünften Sieg hindern. Langeweile schien sich breitzumachen. Gegen die in der Segelei führenden Angelsachsen schien kein Kraut gewachsen, sie machten die Sache immer wieder unter sich aus. Allen Teilnehmern – es waren immerhin 16

Nationen mit 48 Schiffen –, die 1973 an den Start gingen, schien es auch in diesem Jahr unmöglich, die in Erfahrung und Materialvorsprung führenden Briten zu schlagen.
In diese Zeit fielen die historischen Worte des damaligen britischen Premierministers Edward Heath, der mit seiner Yacht MORNING CLOUD Teamchef seines Landes war. Er antwortete auf die Frage, ob die Deutschen eine Chance im Admiral's Cup hätten: »Gar keine!« Zur Überraschung der Seglerwelt nahmen die Deutschen jedoch ihre Chance wahr und gewannen überlegen mit den Yachten, SAUDADE, RUBIN und CARINA III. Ted Heath' MORNING CLOUD war durch ihr katastrophales Abschneiden im Fastnet Race dafür verantwortlich, daß die Briten nicht in Siegesnähe gelangten. Es hatte sich 1973 gezeigt, daß auch gut vorbereitete Außenseiter eine echte Chance haben, eine führende Nation wie England von ihrem Thron zu verdrängen.
1975 ließ dann die Euphorien wieder etwas abschwellen. Die Deutschen belegten zwar einen ausgezeichneten zweiten Platz, freilich hinter den diesmal als Außenseiter eingestuften Engländern. 19 Nationen aus allen Erdteilen nahmen an dieser Seglerolympiade teil. 1977, wen verwundert es, siegten wieder die Briten.
Über kein Segelereignis, abgesehen vom America's Cup, ist soviel diskutiert und geschrieben worden, wie über den Admiral's Cup. Den Engländern ist von schlampiger Organisation und Durchführung der Regatten bis zu Vetternwirtschaft mit der Jury, von Arroganz bis zu unlauterem Wettbewerb, so ziemlich alles vorgeworfen worden, was ein Gastgeber und Dauerabonnent auf Sieg so alles zu hören bekommt. Die Gäste haben sich daran gewöhnt, in Cowes geschröpft zu werden, einen schlechten Liegeplatz zu bekommen und aus dem vornehmen Royal Yacht Squadron gewiesen, oder besser, gar nicht erst hereingelassen zu werden.

Ein Testfeld neuer Ideen

Wie sie auch alle schimpfen, nach zwei Jahren ist alles vergessen, und die meisten sind von neuem dabei. Vieles wurde in den Jahren verbessert. Zu Anfang der Serie soll eine weitere Dreiecksregatta für mehr Ausgeglichenheit sorgen, die Ziel- und Startvorrichtungen wurden nach See

verlegt. Dem Besucheransturm ist Cowes jedoch nach wie vor nicht gewachsen.
Es ist schwer zu beschreiben, was den Reiz von Cowes ausmacht. Sicherlich ist es ein Geruch von Geld und Eleganz, von schönen Frauen und noch schöneren Schiffen und Seglern aus aller Welt. Aber es ist auch das Gefühl, daß hier nicht nur das Geld entscheidet, sondern auch das Können, daß die See, auf der man seinen Kampf ausficht, keinen Unterschied macht zwischen arm und reich. Nicht jedem Segler ist diese Art der Segelei erstrebenswert, aber zweifellos profitiert jeder Segler von den Erfahrungen, die hier unter den höchsten Anforderungen gewonnen werden, denn die Segeltechnik entwickelt sich nur weiter, wenn es Menschen gibt, die noch schneller, noch bequemer und noch sicherer über die Meere segeln wollen. Nehmen wir diese Regatten als das, was sie sind: ein Testfeld neuer Ideen, die Suche nach vollständiger Beherrschung einer Segelyacht, ein glitzernder Stein in einer Welt ungeschliffener Diamanten.

Im Rampenlicht standen die Konstrukteure

Brandstiftung, Selbstjustiz, harte Kollisionen, Sturm, ein Toter, drei Schwerverletzte. Der Cocktail Admiral's Cup erwies sich schon lange vor der Tragödie Fastnet für viele Segler als Magenbitter.
Das deutsche Team, bestehend aus den Yachten JAN POTT, TINA und RUBIN, hatte sich nach den üblichen Querelen bei den Ausscheidungsregatten in Deutschland qualifiziert. Vom Material und den Besatzungen her schien diese Zusammenstellung recht vielversprechend. So wiegte man sich in der vermeintlichen Sicherheit, gegen die 54 Konkurrenten aus 18 Nationen eine führende Rolle in der Hochseesegelei demonstrieren zu können. Doch Gegner und Revier, durch das der Wind pfeift und der Tidenstrom zischt, erwiesen sich als eine Nummer zu groß. Schon vor Beginn der ersten Regatta gab es eine kalte Dusche. Um sich einzustimmen, nahmen die deutschen Yachten gemeinsam an einer Vorbereitungsregatta teil. Unter Spinnaker wurde das Feld von einer schweren Regenbö niedergewalzt. Auf der RUBIN brach ein Spinnakerbaum. Der TINA riß das Großsegel aus dem Mast. Sie wurde minutenlang so auf das Wasser gepreßt, daß

die Salingspitzen ins Wasser tauchten. Ein Vorgeschmack auf das, was die Segler im Solent erwartete.
Die Crew der JAN POTT fühlte sich gekniffen, weil ihr Schwesterschiff, die RED ROCK aus Argentinien, bei gleicher Größe erheblich besser in der Vermessungsformel lag und nicht auszusegeln war. Es stand nicht zum Besten an diesem Tag.
Schon auf dem ersten Probeschlag war die Konkurrenz auf und davon gesegelt. Kein Wunder – nie zuvor hatten bei einer Regattaveranstaltung eine solche Zahl von Profis, Weltmeistern, Olympiasiegern und Cup-Siegern teilgenommen wie im Admiral's Cup 1979. Für viele von ihnen bedeutete ein Sieg Gewinn für das Geschäft, eine Niederlage womöglich die Pleite.
Im Rampenlicht standen die Yachtkonstrukteure. Ein Mann wie der Amerikaner Dick Carter, nach dem Sieg seiner RED ROOSTER vor zehn Jahren von den Seglern als genial gefeiert, war 1979 endgültig aus dem Regattageschäft verdrängt. Jüngere Segler erkannten ihn nicht einmal mehr. Eine neue Designer-Generation ist nachgewachsen.
Vorbei ist auch die Zeit, in der Nacht für Nacht Bordfeste gefeiert wurden, man gar auf seiner Yacht wohnte. Allenfalls eine Dose Bier wird heute nach der Regatta geleert.
Doch es sollte noch schlimmer kommen.

Die erste Regatta

Eine geradezu elektrische Spannung lag über dem Regattafeld vor dem Start am Mittwoch, dem 1. August. Aus der anfänglichen Flaute entwikkelte sich recht bald ein ausgewachsener Wind mit Stärke 6. Schon bevor der erste Startschuß fiel, gab es die ersten Opfer.
Beim Ausweichmanöver mit einer anderen Yacht fuhr die argentinische SUR der MADRUGADA aus Brasilien ein Loch von beachtlicher Größe in den hellblauen Rumpf. Damit war das erste Schiff ausgeschieden. Feixend beobachtete man die Szene auf den anderen Yachten, und weil zwei von ihnen nicht aufpaßten, kam es zwischen WILD GOOSE aus Singapur und JUBILE VI aus Frankreich zur zweiten Kollision, die allerdings glimpflicher verlief.

Der Start gelang nur einer deutschen Yacht perfekt. Die TINA segelte mit der Spitzengruppe auf und davon und rundet nach einer harten Kreuz die Luvmarke als viertes Schiff. Das war eine Überraschung. JAN POTT und RUBIN kamen weder mit dem Start zurecht, der vorsichtig aus der zweiten Reihe gefahren wurde, noch mit der anschließenden Kreuz.
Auch TINA mußte noch Federn lassen. Auf der Vorwindstrecke liefen die amerikanischen Yachten ARIES und WILLIWAW vorbei. An der Leetonne hakte das Spinnakerfall in der Mastrolle und konnte erst auf dem folgenden Halbwindkurs geborgen werden. Immerhin ist der 9. Platz in der Gesamtwertung dieses Tages ein hervorragendes Ergebnis für ein Schiff, daß lange Zeit um die Fahrkarte nach England bangen mußte.
Die beiden anderen deutschen Schiffe haben sich nicht verbessern können. Besonders die Crew der JAN POTT hatte ernsthafte Probleme, das Schiff vor dem Wind in den Griff zu kriegen. Immer wieder lief es aus dem Ruder und legte sich flach auf die Seite. Einen 23. Platz für RUBIN und ein 27. Platz für JAN POTT waren das keineswegs ermutigende Ergebnis.
Von den meisten Seglern unbeobachtet, hatte sich an diesem Tag das erste schwere Unglück ereignet. Bei einer unfreiwilligen Halse wurde ein Crewmitglied der irischen Yacht INISHANIER am Kopf getroffen und den Niedergang hinuntergeschleudert. Die Yacht scherte kurz aus dem Regattafeld aus und ließ den Schwerverletzten von einem eilends herbeigerufenen Helikopter abbergen. Dann nahmen die Iren das Rennen wieder auf.

Selbst hartgesottenen Seglern sträubten sich die Haare

Volle 7 Windstärken erwarteten die Segler am nächsten Regattatag. Es herrschte typisches Solent-Wetter. Der Himmel war strahlend blau, aber aus Südwest kamen Böen von den grünen Hügeln der Isle of Wight heruntergefegt, daß manchem Segler Hören und Sehen verging.
Das Gedrängel an der Startlinie war fürchterlich. Wie ein Feld leichter Jollen manövrierten die schweren Kielboote nebeneinander. Wer hier sein Schiff nicht im Griff hatte, war rettungslos verloren. Selbst hartgesottenen Seglern sträubten sich die Haare.

Beim Startschuß hatte die TINA wieder die beste Ausgangsposition und setzte sich in einer Gruppe sehr viel größerer Schiffe vom Feld ab. Diesmal lag sie hinter der britischen BLIZZARD und der amerikanischen ARIES an der Luvmarke sogar an dritter Stelle. Als die BLIZZARD nach der Tonne plötzlich abfiel und den Spinnaker zog, gab es auf den führenden Booten einen Augenblick lang Verwirrung. Die nächste Tonne lag doch noch nicht in Lee! Sollten sich die Engländer auf ihrem Heimatrevier tatsächlich versegelt haben? Tatsächlich. Als die BLIZZARD ihren Irrtum bemerkte, war sie uneinholbar zurückgefallen.
Die nun folgenden Spinnakerkurse gehörten zu den härtesten, die der Solent zu bieten hatte. Links und rechts schossen die Yachten aus dem Ruder, legten sich auf die Seite, zerrissen die Segel, gellten die Manöverrufe über das Wasser. Dicht unter Land, um den Strom auszusegeln, rauschten die Yachten dahin, kaum noch eine Handbreit Wasser unter dem Kiel.
TINA hielt sich in der Spitzengruppe, mußte aber wieder einige Yachten passieren lassen. Dennoch, im Ziel war ein 10. Platz erreicht. Dieser Tag war ein Tag der kleinen Boote, denn mit der umkippenden Tide wurden sie von der starken Strömung vorangeschoben, während die großen Yachten auf ihrer Zielkreuz den Tidenstrom noch gegenan hatten.
JAN POTT war beim Start an diesem Tag besser weggekommen, doch liefen ihr besonders vor dem Wind wieder eine ganze Reihe Schiffe vorbei. Sie erreichte schließlich einen 18. Platz.
Lange Zeit sah es auch für die RUBIN gar nicht schlecht aus. An der Leetonne begann die Crew jedoch zu spät mit dem Bergen des Spinnakers und schoß eine ganze Ecke über die Tonne hinaus. So viel verschenkter Weg ist nicht wieder aufzuholen, zumindest nicht in einem Feld dieser Klasse. Platz 24 war das wenig schmeichelhafte Ergebnis dieses Tages.
Unglücklichstes Schiff der Wettfahrt war die japanische GEKKO IV. Was am Tage zuvor auf der irischen Yacht passiert war, wiederholte sich. Einem Japaner wurde der überschlagende Großbaum des unkontrolliert halsenden Schiffes zum Verhängnis. Das Aluminiumrohr traf seinen Kopf mit Wucht. Immerhin hatten die Japaner soviel Mitgefühl, das Rennen aufzugeben und ihren Crewkameraden, zur Hälfte skalpiert, ins Krankenhaus zu bringen.

Zwei Regatten waren nun gesegelt, und es war Zeit für eine erste Sichtung der Ergebnisse.
Nicht ganz überraschend lag das bei schwerem Wetter erfahrene Team aus Australien an erster Stelle, gefolgt von den USA und Hongkong. Die Iren und die Deutschen teilten sich mit gleicher Punktzahl den vierten Platz. Noch war alles offen.

Das Channel Race

Das doppelt gewertete Channel Race über 220 Seemeilen wurde bei frischem Wind und sonnigem Himmel gestartet. Platt vor dem Laken zog das ganze Feld bis zur Wendemarke vor Brighton dicht an dicht dahin. Kleine Boote setzten sich auf die Hecksee der größeren und ließen sich mitziehen. So konnte es den schnellen Yachten nicht gelingen, ihr Handicap herauszusegeln.
Gegen Abend ließ der Wind nach, und die ganze Nacht hindurch mußte das Feld bei leichter Brise über den Kanal nach Cherbourg kreuzen. Bei Sonnenaufgang hatten die ersten Schiffe die nächste Wendemarke, Tonne 6, vor Cherbourg erreicht. Es führte die schwedische MIDNIGHT SUN, gefolgt von der italienischen VANINA und TINA.
Unter Spinnaker ging es jetzt auf geradem Wege zurück über den Kanal ins Ziel am Südausgang des Solent. Als die ersten Yachten nur noch wenige Meilen vor der Ziellinie standen, schlief der Wind fast ein. Mit Mühe konnten sie sich gegen die Tide gerade noch auf der Stelle halten. Derweil kamen die kleineren Schiffe mit frischem Wind auf.
Die amerikanische WILLIWAW mogelte sich als erste Yacht über die Ziellinie. Auch die TINA war ganz vorn. Doch kaum hatten die großen Yachten das rettende Ziel erreicht, schlug die Tide um und spülte trotz flauer Winde die gesamte Admiral's Cup-Flotte innerhalb von 90 Minuten ins Ziel. Die Ergebnisse standen kopf.
Für WILLIWAW, das schnellste Schiff, gab es nur einen 35. Platz. Die TINA landet auf Platz 39, obwohl sie ihre bisher beste Leistung gezeigt hatte. JAN POTT hing weiterhin an ihrer Unglückssträhne. Hier schien nun gar nichts mehr zu laufen. Platz 44 war bei doppelter Punktwertung eine bittere Pille. In diesem Rennen zeigte es sich, wie gut es ist, auch kleinere

Schiffe im Team zu haben. Zum großen Punktelieferant wurde RUBIN. Sie belegte Platz 12.

Gesamtsiegerin der Regatta wurde die irische REGARDLESS vor dem kleinsten Schiff der Flotte, REVOLUTION aus Frankreich. Das britische Team war von einem Rückschlag betroffen. Ausgerechnet Edward Heath, der Teamchef, verlor das Ruder seiner MORNING CLOUD und mußte aufgeben. Damit war für die Briten der Gewinn des Admiral's Cup in unerreichbare Ferne gerückt.

Der neue Punktestand sah jetzt Irland an erster Stelle, gefolgt von Australien und den USA. Das deutsche Team fiel auf den 7. Platz zurück.

Die folgende Nacht hatte es in sich. Ted Heath' MORNING CLOUD wurde im Schutz der Dunkelheit von Wandalen überfallen, die die Außenhaut der Yacht mit scharfem Werkzeug völlig zerkratzen. Zwei große Festzelte, in denen die Segler notdürftig mit Bier und Hamburgern versorgt werden, brannten vollständig nieder und die REVOLUTION wurde vom Bug bis zum Heck mit Daunenfedern überschüttet. Nicht nur ein teurer, sondern auch ein schwer zu reinigender Spaß.

Die Luft ist eisig geworden

In Cowes wollte so recht keine Freude mehr aufkommen. Insgeheim fieberte jeder dem Fastnet-Rennen entgegen, wo er, weit auf See, seinen Kopf und seinen Körper von der Enge und der Hektik des kleinen Cowes befreien konnte. Davor allerdings hatte die Wettfahrtleitung eine dritte Inshore-Regatta gelegt.

Es war Dienstag, der 7. August. Wieder hatte sich das typische Solentwetter eingestellt, blanker Himmel, kräftiger Wind aus Südwest, Stärke 5 bis 7.

Zum dritten Mal gelang der TINA ein Nullstart. An der ersten Tonne lagen vor ihr nur MIDNIGHT SUN und ACADIA aus Argentinien. Vor dem Wind lief sie unter einem kleineren Spinnaker sehr viel besser, so daß WILLIWAW und ARIES, die von achtern aufkamen, gehalten werden konnten. Auf der Hecksee der MIDNIGHT SUN reitend, konnte die TINA ihre Geschwindigkeit sogar noch erhöhen. Schließlich ging sie als sechstes Schiff durchs Ziel und belegte in der Gesamtwertung den 3. Platz. TINA hatte sich endgültig einen Platz in der Weltelite ersegelt. Nur ARIES und WILLIWAW, gesegelt von Crews aus den America's Cup-Zwölfern, lagen auf Platz eins und zwei noch vor ihr.

Auf der RUBIN wiederholte sich die Unsicherheit der ersten beiden Regatten. Offensichtlich lag die Yacht im Vergleich zur Konkurrenz auch im Rating zu hoch. Jedenfalls reichte es nach allerhand Mißgeschick an diesem Tag nur zu einem 29. Platz.

JAN POTT war überhaupt nicht mehr in den Griff zu bekommen. Auf der Vorwindstrecke lag sie mehr darnieder, als daß sie segelte. Immer wieder wurde sie auf die Seite gedrückt.

Die Mannschaft war mit ihrem Latein am Ende. Die klare Siegerin der deutschen Ausscheidungsregatten, mit dem zweimaligen Olympiagewinner Ulli Libor am Ruder, landet abgeschlagen auf Platz 44. Deutschlands Traum von einem Platz an der Seite der großen Segelnationen war schon lange vor dem Start der dreifach gewerteten Fastnet-Regatta ausgeträumt.

Auch dieser Regattatag blieb nicht von Unfällen verschont. Ein Crewmitglied der POLICE CAR aus Australien, die schon mehrfach wegen ihres Segelns im Kamikaze-Stil aufgefallen war, fiel kurz vor dem Start mit gebrochenem Arm über Bord. Auch zwei gesunde Arme hätten ihm in dieser Situation nicht viel geholfen, denn wie seine Freunde später glaubhaft versicherten, konnte er gar nicht schwimmen.

Glücklicherweise erwischte ihn noch jemand am Ärmel und konnte ihn solange festhalten, bis ein zufällig vorbeifahrendes Zuschauerboot eingriff und ihn barg. Die POLICE CAR war mit einem Mann weniger pünktlich am Start.

In dieser letzten Admiral's Cup-Regatta vor dem Fastnet-Rennen gab es erstmals einen »Mayday«-Notruf zu hören. Der Eigner der belgischen Yacht PHANTOM, Albert Moorkens, brach am Ruder seines Schiffes zusammen – Herzschlag. Er starb, bevor Rettung kommen konnte.

Die Luft in den Höhen der Segelei ist eisig geworden. Leistungssport dieser Art läßt keine Schwächen mehr zu, keine Materialschwächen und keine menschlichen Schwächen. Vier Regatten vor Cowes, ein finsterer Auftakt zur Fastnet-Regatta.

Sieger Admiral's Cup

Jahr	siegreiche Yachten	Skipper	Land
1957	MYTH OF MALHAM UOMIE JOCASTA	Illingworth/Green Selwyn Slater Geoff Pattinson	Großbritannien
1959	MYTH OF MALHAM GRIFFIN II RAMROD	Illingworth/Green Gerald Potter Selwyn Slater	Großbritannien
1961	WINDROSE FIGARO CYANE	Jakob Isbrandtsen Richard Nye Henry B. du Pont	USA
1963	NORYEMA III CLARION OF WIGHT OUTLAW	Ron Amey Miller/Boyer Max Aitken	Großbritannien
1965	FIREBRAND QUIVER IV NORYEMA IV	Dennis Miller Ren Clarke Ron Amey	Großbritannien
1967	MERCEDES III BALANDRA CAPRICE DU HUON	Ted Kaufmann Robert Creighton-Brown Ingate/Reynolds	Australien
1969	RED ROOSTER CARINA PALAWAN	Dick Carter Dick Nye Thomas J. Watson, jun.	USA
1971	CERVANTES IV MORNING CLOUD PROSPECT OF WHITBY	Bob Watson Edward Heath Arthur Slater	Großbritannien
1973	SAUDADE RUBIN CARINA III	Albert Büll Hans-Otto Schümann Dieter Monheim	Deutschland
1975	BATTLECRY NORYEMA YEOMAN XX	I. O. Prentice Ron Amey R. Aisher	Großbritannien
1977	MARIONETTE MOONSHINE YEOMAN XX	C. A. F. Dunning J. Rogers R. Aisher	Großbritannien
1979	POLICE CAR RAGAMUFFIN IMPETUOUS	P. R. Cantwell Syd Fisher Lambert/Crisp	Australien

EIN ORKAN ENTSTEHT

Der Zug des Sturmtiefs über den Atlantik und der Kurs der Regattaflotte durch den Kanal sowie ihr Zusammentreffen zu dem Zeitpunkt, als der Sturm seine größte Gewalt entwickelte und die Yachten gerade auf der gefährlichen Labadie-Bank standen, ist ein Zufall von geradezu antiker Tragik. Er ließ den Seglern keine Chance. Das geht aus dem ausführlichen Untersuchungsbericht der Royal Yachting Association und des Royal Ocean Racing Club eindeutig hervor.
Der Beginn der Tragödie spielte sich weit entfernt vom späteren Unglücksgeschehen ab. Im Norden der USA, wo die Hitze über den Getreidefeldern der Great Plains brütet, kann es geschehen, daß sich heiße Luft mit einer kalten Strömung vermischt, die aus Kanada einfließt. Es entstehen dann Tornados oder schwere Gewitter. Meist entlädt sich diese Kraft an Ort und Stelle in Wind, Regen und Hagel. Doch mit dem Fastnet-Tief sah es anders aus.
Am Donnerstag, den 9. August – in Cowes wurden bei stürmischem Wind Inshore-Regatten gesegelt – entlud sich Tief Y, wie man es später nannte, erstmals über Minneapolis in Minnesota. Von Sturmböen getrieben, zog die kräftige Störung nach Osten über den Michigan-See, New York und Neu-England. Auf der Südseite des Wirbels lag die größte Kraft.
Am Freitag, den 10. August, randalierte das Tief mit Böen bis Windstärke 11 über New Jersey und New York. Es deckte Dächer in New Jersey ab. Noch während des Nachmittags erreichten Sturm und Regen Connecticut.
Über der Narrangansett Bay und Rhode Island, den Segelzentren an der

amerikanischen Ostküste, zog eine schwarze Wand auf. Der America's Cup-Zwölfer INTREPID konnte den Hafen in letzter Minute erreichen, doch brach in der ersten Bö die Draht-Genuaschot der Yacht und traf ein Mannschaftsmitglied so unglücklich, daß der Arm brach.
Ganz in der Nähe segelten 78 Boote der Küstenkreuzer-Klasse J-24 um die Weltmeisterschaft. Den meisten gelang es, rechtzeitig Newport zu erreichen, nicht jedoch ohne dem Tief in Form von zerstörter Ausrüstung Tribut zu zollen. Inzwischen hatte auch die US-Coast Guard Sturmwarnung gegeben. Newport hüllte sich in Finsternis. Der Sturm zerschlug Fenster und riß Boote von ihren Bojen los. So schnell wie das Unwetter aufgezogen war, so schnell war es auch wieder verschwunden. Schon nach einer halben Stunde klarte der Himmel wieder auf.
In der Nacht traf es die überfüllten Häfen an der Küste Neu-Englands. Anker rissen aus dem Grund, Schiffe trieben ab. Wer ein Boot besaß, machte in dieser Nacht kein Auge zu.
Am Sonnabend, als in Cowes der Startschuß zur Fastnet-Regatta fiel, hatte das kleine Sturmtief gerade Halifax in Nova Scotia (Kanada) überquert und wirbelte nun in den Nordatlantik hinaus. Es machte den Meteorologen Schwierigkeiten, denn es war so klein und bewegte sich derartig schnell voran, daß es auf den Wetterkarten nur als ein harmloses Tief verzeichnet war, nicht aber als typischer Zyklon mit einem Ring von Isobaren.
Am Wochenende des 11. und 12. August konnte man das eigenartige Gebilde in den Wetterkarten der Sonntagszeitungen in England erkennen. In der Terminologie der Meteorologen handelte es sich bei dem Tief Y um ein »flaches Tief« mit einem atmosphärischen Druck von 1008 Millibar. Ein »richtiges« Tief hat 995 Millibar und darunter.
Tiefdruckgebiete oder Zyklone, wie man sie nennt, verfügen auf ihrer Südseite über ein Gebiet sehr starken Windes, besonders wenn sie sehr schnell ziehen. Das hatten die Bewohner von New Jersey, New York und Rhode Island schon gemerkt. Der Seemann spricht sogar von einem »gefährlichen Quadranten«, dem er, ist der Zyklon einmal erkannt, lieber aus dem Weg geht.
Zwischen Sonntagmittag und Montagmittag, als das Regattafeld in dichtem Nebel den Kanal hochkreuzte, zog das Tief mit einer Geschwin-

digkeit von 20 bis 40 Knoten ostwärts und legte mehr als 800 Seemeilen zurück.
In seinem Süden lag das Azorenhoch mit 1017 bis 1034 Millibar Luftdruck. Seine warme Luft floß aus diesem nahezu stationären Gebilde in die Gebiete tieferen Luftdrucks ringsum. Die Corioliskraft der Erdrotation lenkte diese Luftströmung rechtsherum ab, so daß nördlich des Azorenhochs ein südwestlicher Wind mithalf, Tief Y nach Nordosten zu befördern.
Im Norden dagegen befand sich eine gewaltige Masse tiefen Luftdrucks. »Tief X« (so bezeichnet, weil es früher erkannt worden war) kam ebenfalls aus Kanada, hatte die Labrador-Bank überquert und dort zwei kleinere, aus Grönland kommende Tiefs geschluckt. Am Sonntagmorgen lag sein Zentrum mit 990 Millibar etwa 350 Seemeilen südwestlich Reykjavik. Unser Tief Y war mit den Westwinden des Azorenhochs und des Islandtiefs zwischen 43 und 47 Grad Nord ostwärts gezogen.
Alles sprach dafür, daß es in Höhe der Biskaya auf den europäischen Kontinent stoßen würde. Doch es trat eine dieser Zufälligkeiten ein, die das Wetter so schwer vorhersehbar machen.
Tief X blieb, anstatt ebenfalls nach Osten abzuziehen, plötzlich stehen.

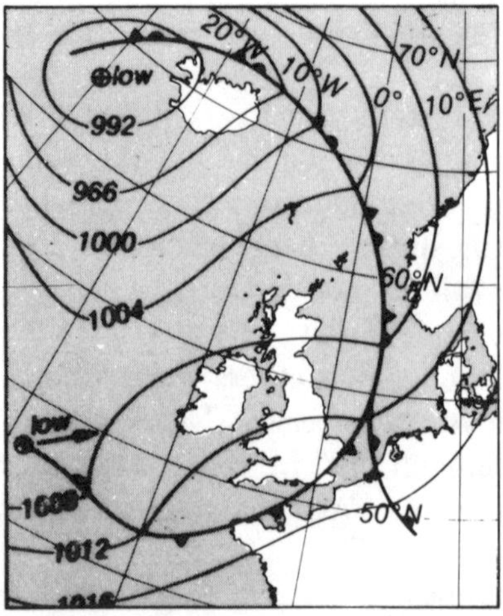

Montag 12 Uhr, 1007 Millibar

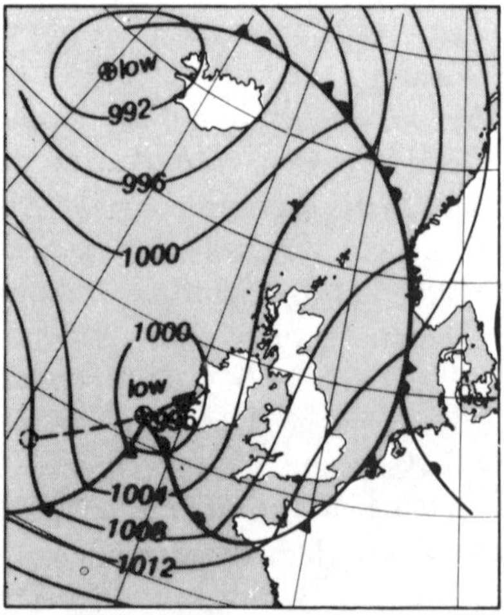

Montag 18 Uhr, 996 Millibar

Während seines Aufenthalts wurde es von unserem kleinen, kräftigen Tief überholt, das nun in den Quadranten geriet, wo der Wind nicht mehr westlich, sondern südlich wehte.
Vor Sonnenaufgang am Montag, den 13. August, änderte das kleine Tief Y seine Bahn und zog nun nordöstlich in Richtung Irland. Auf seinem Weg nach Norden wurde es zusätzlich mit kalter Luft aus dem Islandtief gespeist.
Sobald Wettersatelliten ihre Bilder übermittelt hatten und die Daten der wenigen Wetterschiffe im Nordatlantik vom Computer errechnet waren, schien den Meteorologen die Situation klar. Tief Y würde Irland und die Western Approaches noch in der Montagnacht erreichen. Der südliche Quadrant, der gefährliche, bedrohte genau das Gebiet zwischen Fastnet und den Scilly-Inseln.
Es war 13 Uhr 30, als man in der Wetterwarte zu der Überzeugung kam, daß sich hier ein ausgewachsener Sturm ankündigte. Da bereits um 13 Uhr 55 der offizielle Seewetterbericht der BBC durchgegeben wurde (auf den alle Fastnet-Segler warteten), kam die Sturmwarnung nicht mehr mit. So hörten die Yachtleute eine Vorhersage, die von SW 3 bis 4

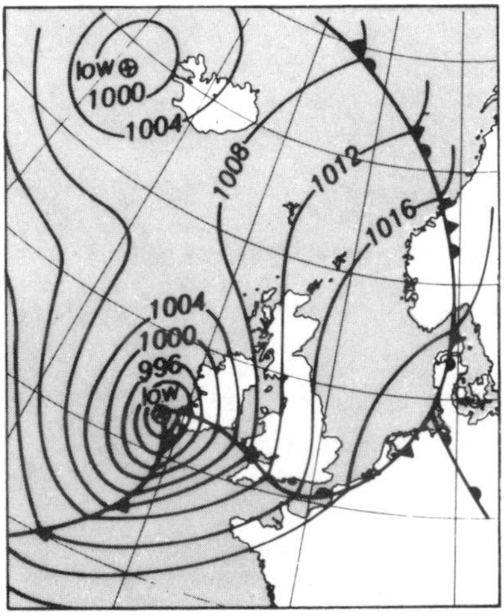

Montag 21 Uhr, 983 Millibar

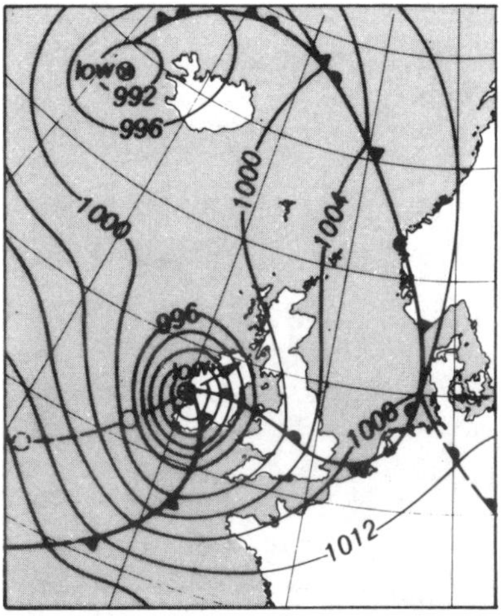

Dienstag 0 Uhr, 979 Millibar

sprach, zunehmend auf 6 bis 7. Von einem gefährlichen Tiefdruckgebiet war keine Rede.
Das Wetter in der Irischen See war zu diesem Zeitpunkt ungewöhnlich. Die See lag bleigrau, es ging eine kräftige, tote Dünung, der Himmel erschien schmutzig blau-grau. Es hatte lange Zeit geregnet, jetzt wehte der Wind mit Stärke 3 bis 4 aus Süd, schoß jedoch immer wieder aus, manchmal um 180 Grad.
Um 15 Uhr 05 gab BBC außerhalb des regulären Wetterberichtes eine erste Sturmwarnung: SW 8 »imminent«, daß heißt, innerhalb der nächsten sechs Stunden.
Die wenigsten Teilnehmer hörten diese Mitteilung, denn die im Seewetterbericht am Mittag gegebene Großwetterlage ließ nicht darauf schließen, daß eine entscheidende Änderung eintreten würde. Außerdem gab es auf den Schiffen jetzt allerhand zu tun, denn die Spinnaker mußten im auffrischenden Wind aufmerksam gefahren werden.
Die nächste Sturmwarnung von BBC kam um 19 Uhr 55: SW 8, später 9, imminent.

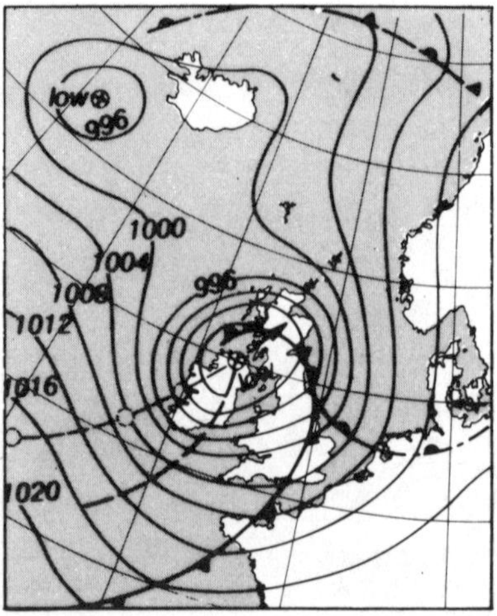

Dienstag 6 Uhr, 983 Millibar

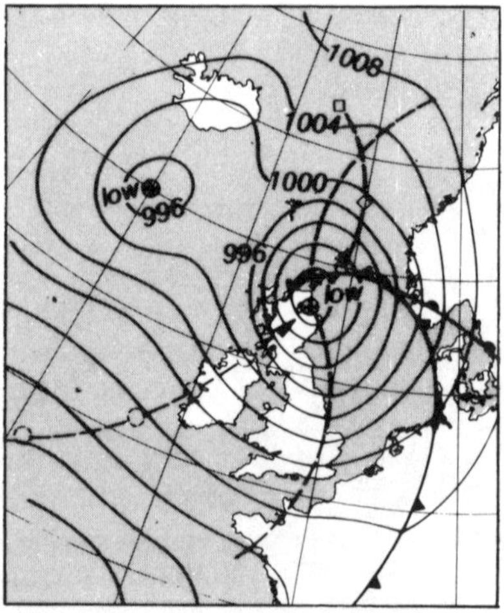

Dienstag 12 Uhr, 983 Millibar

In der Irischen See wehte es jetzt aus Süd, etwa Stärke 6 bis 7. Die ersten Spinnaker wurden geborgen. Eine dritte Sturmwarnung der BBC ging um 23 Uhr über den Rundfunk: SW 9, später 10. Es war der erste Hinweis auf Wetterbedingungen, die eine ernste Situation hervorrufen konnten.
Zu diesem Zeitpunkt begannen einige Crews bereits um ihr Leben zu kämpfen.
Der nächste offizielle Seewetterbericht der BBC war um 0 Uhr 15 am Dienstag zu hören. Jetzt hieß es: SW–W 7 bis 9, Fastnet-Gebiet 10. Doch da war alles zu spät.
In den Berichten verschiedener Segler ist von einem französischen Sender die Rede, der schon sehr viel eher vor Sturm gewarnt haben soll. Tatsächlich sendete France-Inter am Montagmorgen einen Seewetterbericht um 7 Uhr 30, der von der Möglichkeit eines Sturmes im Gebiet von Fastnet sprach. Um 17 Uhr 33 warnte France-Inter vor Sturm Stärke 9 bis 10. Nur: Die meisten Segler waren der französischen Sprache kaum mächtig und selbst die, die France-Inter verstanden hatten, konnten den Hafen nicht mehr rechtzeitig erreichen.
Man hat im Fastnet-Untersuchungsbericht großen Wert darauf gelegt, die Bedingungen während des Sturmes in Zahlen darzulegen. Sie sind Statistik, aber Zahlen mögen neben den Schilderungen der Erlebnisse auch einen nüchternen Aussagewert haben.
Der niedrigste Luftdruck des Tiefs, dessen Kern über den internationalen Flughafen Shannon (Irland) zog, wurde dort mit 979,2 Millibar angegeben. Zum Vergleich: Der Sturm, der im Winter 1962 die große Flutkatastrophe nach Hamburg brachte, wurde mit 960 Millibar gemessen.
Der aus Deutschland stammende Weltumsegler John C. Voss erlebte 1912 vor Japan mit der Yacht SEA QUEEN einen Taifun, in dessen Zentrum 955 Millibar waren. Sein Schiff kenterte mehrfach durch und verlor das gesamte Rigg. Voss und seine zwei Freunde überlebten.
Die weitaus größte Mehrzahl der Regattateilnehmer ist der Meinung, daß es keine deutlich erkennbaren Anzeichen für einen ungewöhnlich schweren Sturm gegeben hat. Die Sonne, an der Wetterwechsel oft zu erkennen sind, war schon bald nach dem Start der Regatta nicht mehr zu sehen

gewesen. Das schnelle Sinken des Barometers, von vielen Leuten mit Sorge beobachtet, kam als Warnung zu spät.
Der Höhepunkt des Sturms über dem Regattafeld lag zwischen 0 Uhr und 8 Uhr am Dienstagmorgen.
Über Schätzungen der Windstärke besteht selten eine einheitliche Meinung. 70 Prozent der Regattasegler stimmen jedoch überein, daß die Windstärke bei 11 Beaufort und darüber lag. Einigkeit mit den Meteorologen besteht, daß in einzelnen Gebieten Windstärke 12 längere Zeit angehalten hat – das heißt, es wehte voller Orkan. Insbesondere in der Kaltfront des Tiefs, wo die Isobaren einen Knick machen und ein sogenannter Trog entsteht, mußte man mit einer solchen Windverstärkung rechnen.
Die höchste an Land gemessene Windstärke betrug 67 Knoten, die durchschnittliche Windstärke 50 bis 55 Knoten. Die nächste Landstation war jedoch weit vom Ort des Geschehens entfernt. Die meteorologische Plattform Kinsale, am nächsten plaziert, war außer Betrieb.
Nicht so einig ist man bei der Festlegung der Wellenhöhe, da sie sehr schwer zu messen ist. Eigenartigerweise liegen die Schätzungen der Regattasegler unter denen der Meteorologen und des Rettungspersonals. Während die Segler eine durchschnittliche Wellenhöhe von zehn bis zwölf Metern angeben, sprechen die Wetter-Profis von Wellenhöhen um 18 Metern und darüber – zumindest im Gebiet der Labadie-Bank.
Der Kapitän eines Shell-Küstentankers meldete am Morgen des Dienstag, dicht bei Fastnet Rock: WNW 9 bis 10 Windstärken, sehr grobe See. Seine Beschreibung des Wetters: »Für den August ziemlich schlimm, aber zu anderer Jahreszeit kenne ich es schlimmer.«
War es tatsächlich der von vielen so bezeichnete Jahrhundertsturm? In diesem Jahrhundert hat es im August im Fastnet-Gebiet sechsmal Stürme von ähnlicher Stärke gegeben: 1917, 1923, 1931, 1957, 1970 und 1975. Nur einmal, im Jahr 1931, fand gleichzeitig eine Fastnet-Regatta statt. Auch damals wurden die Yachten von Windstärke 9 bis 10 überrascht.
Einer der Teilnehmer, Commander W. B. Luard, Skipper der Yacht MAITENES II, erlebte diesen Sturm auf der Labadie-Bank. Er widmete ihm ein Kapitel seines Buches »Where the Tides Meet«:

»Wären wir in freiem Wasser gewesen, hätte das Schiff, unter nackten Masten treibend, absolut sicher gelegen. Doch die Wucht und Unregelmäßigkeit der brechenden Seen machte es meiner Meinung nach notwendig, unter allen Umständen Bug oder Heck gegen die See zu legen.«
Ein Treibanker wurde achteraus gebracht und Fischöl in die See gegeben, um das Wasser zu beruhigen. Dabei wurde Colonel C. H. Hudson über Bord gerissen. Zwar gelang es ihm noch, die Leine des Treibankers zu ergreifen, aber er hatte nicht mehr die Kraft, sich zum Schiff zu ziehen. Er ertrank. Einziges Opfer einer Fastnet-Regatta bis zum Sommer 1979.
MAITENES II trieb mit fünf Seemeilen Fahrt vor der immer schwerer werdenden See ab. Brecher schlugen mehrfach das Cockpit bis zum Rand voll Wasser.
Endlich sichtete die durch Erschöpfung und den Tod des Colonel demoralisierte Crew einen Fischtrawler, der mittels eines Megaphones gebeten wurde, auf stand-by zu gehen, zumindest so lange, bis sich das Wetter beruhigt hatte. MAITENES II stand jetzt etwa 80 Seemeilen südöstlich von Fastnet. Luard berichtet weiter:
»Etwa eine Stunde später, Wind und See hatten weiter zugenommen, rief ich über Megaphon zum Trawler, daß wir nicht länger aushalten könnten, wenn der Sturm weiter zunehmen würde. Die Seen hatten ihren Charakter hier auf der Labadie-Bank vollständig verändert. Sie wurden noch steiler, liefen konfus durcheinander, kamen unregelmäßig und wie es schien von allen Seiten. Obwohl das Barometer gerade zu steigen begann, schienen die Aussichten nicht günstig. Mehrfach schlug die See über uns zusammen. Das Schiff befand sich in höchster Gefahr.«
Luard schoß eine rote Rakete ab. Was nun kommt, ist kaum begreiflich. Die Fischer setzten ein Dory aus und ruderten in der schweren See hinüber zu der in Not befindlichen Yacht. Beim Übersteigen zerschlug das Dory an der Bordwand der Yacht, aber den Fischern war es gelungen, an Bord zu kommen. Mit vereinten Kräften hielten sie das Schiff über Wasser und nahmen es nach Abflauen des Sturmes in Schlepp des Trawlers. Retter und Gerettete trafen bald darauf in Swansea ein.
Luard: »Die MAITENES II ist ein sehr seetüchtiges Boot. Wären wir nicht auf

die Labadie-Bank gekommen, hätten wir auch keine Probleme gehabt.« Er schloß sein Kapitel mit der Bemerkung: »Ähnliche Bedingungen gibt es wohl nur in einem von tausend Fällen. Tritt dieser eine Fall aber ein, wird es eine Tragödie geben.«
29 Jahre später fand diese Tragödie statt.

DIE SEE HOLT SICH IHRE OPFER

Kaum war die Nachricht von der Tragödie in der Irischen See durch die Schlagzeilen der Weltpresse gegangen, da meinten einige, die Schuldigen schon gefunden zu haben. Leichtsinn der Konstrukteure und in ihrem Ehrgeiz unverantwortliche Eigner hätten zur Entwicklung eines Schiffstyps beigetragen, der zu leicht, zu unstabil und zu empfindlich ist, um wirklich einen Sturm abreiten zu können.

Der veranstaltende RORC, von der Wucht der Kritik überrollt, entzog sich ihr zunächst durch Schweigen. Er wollte sich diesen Vorwürfen nicht ungeprüft anschließen. Waren denn die ungewöhnlich umfangreichen Sicherheitsvorschriften der International Offshore Rule (IOR), die sich jahrelang bewährt hatten, plötzlich nichts wert?

Doch. Die jahrzehntelange Erfahrung beim Bau von Hochseeyachten hatte sich auch im Fastnet-Rennen grundsätzlich bewährt. Zwar wurde deutlich, daß bei modernen Hochseerennyachten durchaus Verbesserungen notwendig und sinnvoll sind, daß man noch mehr auf Ausrüstung und Details achten muß. Im ganzen gesehen haben sich die Schiffe jedoch unter schwersten Bedingungen gut geschlagen. Ob die Mannschaften bis zur letzten Konsequenz richtig gehandelt haben, steht auf einem anderen Blatt.

Es ist die Vermutung aufgestellt worden, daß man bei einem Sturm in einem konventionellen, schweren Langkieler besser aufgehoben gewesen wäre. Da die Vergleichsmöglichkeit fehlt, ist diese Frage für das Fastnet-Rennen nicht zu beantworten. Man kann da seine Zweifel haben: Es gibt genügend Beispiele von Durchkenterungen konventioneller Yachten – TZU HANG von Miles Smeeton erwischte es vor Kap Hoorn, Erling Tambs'

SANDEFJORD im Nordatlantik, David Lewis' ICEBIRD im Südatlantik. Schließlich mußten auch mehrere große Yachten der Klasse I bei Fastnet Federn lassen, die als besonders schwer und sicher gebaut gelten. KUKRU verlor ihren Mast, BATTLECRY, ein Schiff der Swan-Reihe, die unter Seglern als das Nonplusultra an Sicherheit und Seetüchtigkeit gilt, hatte Probleme mit dem Kiel.

Der Channel-Sturm von 1956

Langkieler sind heute auf Regatten fast vollständig verschwunden. Aber 1956 hatte es schon einmal einen Sturm im Kanal gegeben, der sich in etwa mit dem Fastnet-Sturm vergleichen läßt. Er ist in die Geschichte als Channel-Sturm eingegangen, denn er fand während des Channel Race statt – der neben dem Fastnet-Rennen zweiten klassischen Seeregatta. Sie wird ebenfalls für die Admiral's Cup-Wertung herangezogen und hat eine Länge von 225 Seemeilen.

Auch damals wurde vom RORC eine Untersuchung durchgeführt, denn es gab ein gesunkenes Schiff und sogar Tote an jenem Tag zu beklagen. Der Sturm hatte seinen Höhepunkt am 28. Juli. Der Druck im Kern des Tiefs betrug damals 976 Millibar (Fastnet 979,2), die höchste gemessene Windgeschwindigkeit wurde bei Kap Lizard mit 81 Knoten festgestellt.

Seinerzeit hatten die führenden, großen Yachten das Rennen kurz vor Ausbruch des Orkans beenden können. Lediglich die BLOODHOUND erwischte es. Sie trieb, weil kein Segel mehr hielt, auf Legerwall vor den Steinen von Owers. Wie durch ein Wunder konnten Schiff und Mannschaft vom Selsey-Rettungsboot geborgen werden. Der Kutter UOMIE aus Klasse II wurde von seiner Mannschaft verlassen, weil er auf das Vorgebirge Selsey Bill zu treiben drohte. Eine Fregatte übernahm die Crew. Das Schiff kam glücklicherweise frei und konnte später schwer beschädigt treibend geborgen werden.

Weniger Glück hatte ein anderes Schiff ganz in der Nähe. TILLY TWIN war ein Kutter von zehn Tonnen und 9,75 Meter Länge. Das Schiff lag östlich der Insel Wight, nicht weit vom Nab Tower, als es von einer gewaltigen See vor dem Wind ablaufend querschlug. Dabei wurde das Rigg erheblich beschädigt, Decksstützen der Seereling gebrochen und der Rahmen eines Deckshausfensters sprang entzwei. Zwei Mann der Crew schleuderten über Bord, hielten sich aber an ihren Sicherheitsleinen fest. Alle verfügbaren Trossen wurden über Bord gegeben, auch ein C.Q.R.-Anker an 50 Meter Leine nachgeschleppt. Es half nichts. Die Yacht lief über mehrere Untiefen und strandete schließlich. Der Kiel schlug mehrfach auf den steinigen Boden, ohne jedoch zu brechen. Schließlich war die TILLY TWIN über die Barre in ruhigeres Wasser gekommen und legte sich bei Ebbe auf den Kieselstrand. Mit einem Kran konnte das Schiff später gerettet und über Land zur Reparatur transportiert werden.

Wenn man aus diesem Fall überhaupt einen Vergleich in bezug auf die Seetüchtigkeit alter und neuer Yachtkonstruktionen ziehen kann, dann höchstens den, daß zerrissene Segel heutzutage selten sind. Meist halten die Segel mehr aus als Schiff und Mannschaft – sie müssen nur klein genug sein, um sie zum Freikreuzen von einer Leeküste auch tragen zu können.

Vor dem Umschlagen sind auch schwer gebaute Schiffe nicht geschützt. Im Gegenteil, ihre Aufbauten mögen zwar der Crew einen gewissen Schutz geben, aber wer sitzt schon gern bis zum Hals in einem überfluteten Cockpit? Außerdem bietet der Kajütaufbau der See so viel Angriffsfläche, daß es leicht zu eingeschlagenen Fenstern oder Luken kommt. Dafür ist der folgende Fall aus dem Channel-Sturm geradezu beispielhaft.

Colonel O'Sullivan, seine Frau und zwei Freunde hatten die DANCING LEDGE, einen stäbigen, schwergebauten Kutter von zehn Tonnen gechartert und befanden sich auf einer Ferienreise, als der Channel-Sturm über sie hereinbrach. Bei Tagesanbruch und kurz bevor der Orkan seinen Höhepunkt erreichte, stand die DANCING LEDGE vor St. Catherine's Point, im Süden der Insel Wight. Der Sturmklüver barst mit lautem Knall. Fast im gleichen Augenblick wurde das Schiff von einer schweren See niedergedrückt. Durch den sofort eingeschlagenen Kajütsaufbau drang Wasser. Zwei weitere schwere Seen schlugen die Yacht so voll, daß sie schnell zu sinken begann. Dann brach das Vorstag, und der Mast ging über Bord.

Die Mannschaft hielt sich vier Stunden lang am umgeschlagenen Beiboot fest. Das jüngste Besatzungsmitglied starb bald vor Erschöpfung.

Schließlich wurden die Schiffbrüchigen von einer Marinefregatte entdeckt. Das Kriegsschiff manövrierte längsseits der zu Tode erschöpften Leute, und Mrs. O'Sullivan wurde eine Leine zugeworfen. Sie griff mit beiden Händen danach, konnte sich aber wegen der Kälte und Erschöpfung nicht halten. Sie verlor in ihrer Schwimmweste treibend das Bewußtsein und wurde von einem Soldaten gerettet, der mit einer Leine um den Bauch in die See gesprungen war. Das treibende Dinghi und die Männer blieben verschwunden.
So zügig wie der schwer gebaute Kutter DANCING LEDGE nach seiner Kenterung unterging, so schnell verschwand im ganzen Fastnet-Rennen kein Schiff. Die Decksaufbauten hatten der Wucht der See einfach nicht standgehalten. Das Schiff wurde aufgerissen wie eine Bierdose. An Bord einer modernen Yacht mit Flush-Deck oder nur angedeuteten Decksaufbauten besteht diese Gefahr kaum.
Adlard Coles schrieb später in seinem Buch »Schwerwettersegeln«: »Der Channel-Sturm von 1956 ist der wichtigste Sturm, der in diesem Buch geschildert wird.« Und an anderer Stelle: »Die mit der Plötzlichkeit von Kanonenschüssen einfallenden Windstöße sind die Ursache für die Turbulenz und die steile, brechende Kreuzsee, die so überaus gefährlich ist. Es besteht kein Zweifel, daß die führenden Yachten im Rennen und die DANCING LEDGE einmalige Wetterbedingungen und Seeverhältnisse antrafen, denen man sonst in einem ganzen Seglerleben vielleicht nie begegnet.« Wäre er 24 Jahre später in der Irischen See gewesen, hätte er diesen letzten Satz sicher nicht geschrieben.

»Diese Ruder haben sich von selbst erledigt«

Die Sicherheitsvorschriften der International Offshore Rule (IOR), von erfahrenen älteren Seglern und Konstrukteuren aufgestellt und regelmäßig dem neuesten Stand der Technik angeglichen, sind ausführlich und gehen von der Dimensionierung des Rumpfes bis in die Einzelheiten der Sicherheitsausrüstung. Auch im Fastnet-Rennen hatte jede Yacht diesen Vorschriften zu entsprechen.
Jeder Skipper muß durch seine Unterschrift unter die Startmeldung die Verantwortung für die Einhaltung der Ausrüstung bürgen.

Zudem ist es üblich, daß die Wettfahrtleitung die Teilnehmer des Admiral's Cup genau prüft.

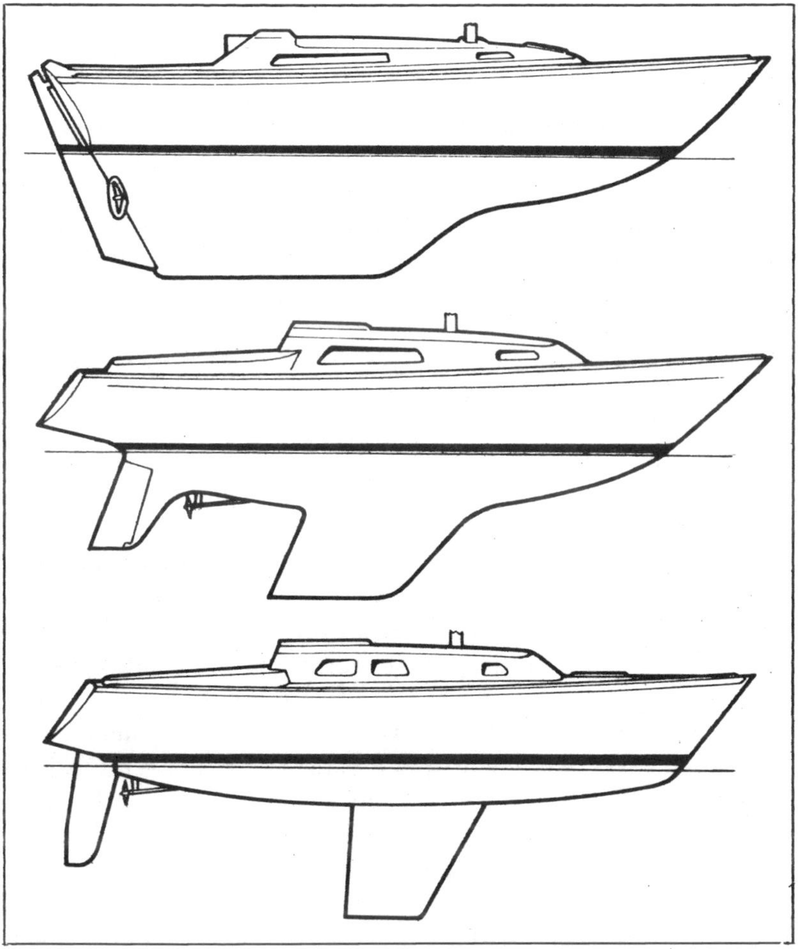

Früher war das Ruder hinter dem durchlaufenden Kiel an mehreren Punkten eingehängt (oben); das Ruder wird am Skeg befestigt (Mitte); die Verbindung zum Schiff besteht heute meist nur noch durch den Schaft (unten)

Ob die Bestimmungen der IOR ausreichend sind, darüber gab es nach der Regatta auch unter Teilnehmern, die durch Erfahrung klüger geworden waren, hitzige Diskussionen. Sie teilen sich in zwei Bereiche: Konstruktion und Bauweise der Yachten sowie Zuverlässigkeit der Sicherheitsausrüstung.

Der Fortschritt in der Entwicklung von Yachten und Ausrüstung in den letzten zehn Jahren ist atemberaubend. Eine Rennyacht, mit der man vor zwei, drei Jahren noch Siege auf sämtlichen Regattabahnen ersegeln konnte, startet heute unter »ferner liefen«.

Die Konstrukteure experimentieren ständig mit neuen Baustoffen, die oft aus der Raumfahrttechnik stammen, wo man mit denselben Problemen zu tun hat: Leichtigkeit bei gleichzeitig hoher Festigkeit zu erreichen. Neue Baumethoden werden entdeckt, neue Rumpfformen, neue Segeltuche und neue Riggs. Allein ausschlaggebend ist dabei, mehr Geschwindigkeit zu erreichen, ohne durch die IOR-Formel mit einem nachteiligen Handikap bestraft zu werden.

Geringeres Gewicht, größere Breite, flachere Rumpfformen und mehr Segelfläche sind Tendenzen, die sich in den letzten Jahren durchgesetzt haben.

Ein Punkt, bei dem man in einen Grenzbereich gekommen zu sein scheint, ist die Entwicklung der Ruder. Unter den 303 im Fastnet-Rennen gestarteten Yachten erlitten 22 Ruderbruch, die meisten davon in der Admiral's Cup-Flotte, die naturgemäß als Testfeld neuer Ideen gilt.

Die schnellsten Yachten haben heute ein sogenanntes Spatenruder und einen Finnkiel. Sie sind dem Flügel und dem Leitwerk von Düsenflugzeugen vergleichbar. Das Ruder steht allein am Heck und wird nur durch einen Schaft gehalten.

Ursprünglich ging ein Yachtkiel über die volle Länge des Bootes (Langkieler), und das Ruder war an mehreren Punkten hinter dem Kiel eingehängt. Als der Kiel dann immer schmaler wurde, blieb nur noch ein Relikt von Kiel zurück, ein Skeg, an dem man das Ruder befestigte. Heute hat das Ruder außer dem Schaft überhaupt keine Verbindung mehr zum Schiff.

Von den 22 Ruderbrüchen handelte es sich bei 14 Fällen um Ruderschäf-

te aus Aluminiumrohr, die mit Kohlefaser verstärkt waren. Kohlefaser, oder Carbonfiber, ist ein Kunststoff, dessen Festigkeit sogar Stahl übertrifft, der aber gleichzeitig federleicht ist.
Es war ein Ruder dieses Typs, das auf Ted Heath' MORNING CLOUD im Channel Race brach, und es war derselbe Typ, den die REGARDLESS, ein ungewöhnlich erfolgreiches irisches Schiff, schon vor Beginn der ersten Cup-Regatta verlor. Im Fastnet-Rennen geschah den irischen Teamkollegen GOLDEN APPLE OF THE SUN und SILVER APPLE OF THE MOON das gleiche Mißgeschick.
Alle Schiffe sind Konstruktionen des aus Neuseeland gebürtigen Wahl-Iren Ron Holland, einem der bedeutendsten Yachtdesigner der Zeit. Er erlebte den Ruderbruch am eigenen Leibe als Mannschaftsmitglied der GOLDEN APPLE und wurde von einem Hubschrauber aus dem havarierten Schiff gerettet. Der Admiral's Cup hätte zum größten Triumph seiner Laufbahn werden können.
»Diese Ruder haben sich von selbst erledigt«, sagt er heute. »Es ist an mir, dafür zu sorgen, daß nie wieder ein Schiff sein Ruder verliert, das von mir gezeichnet wurde. 1977 brachen in einer großen Regatta vor Florida im Sturm elf Masten. Im Fastnet-Sturm wurde nur eine einzige Admiral's Cup-Yacht entmastet. Es scheint, als hätten damals alle – Konstrukteure und Mastenbauer – die Botschaft verstanden. Wir sind verantwortlich genug zu sehen, daß wir unser Geschäft riskieren, wenn wir Dinge bauen, die schweres Wetter nicht aushalten.«
Ron Hollands stärkster Konkurrent auf dem Gebiet der Yachtkonstruktionen ist der in San Diego lebende Amerikaner Douglas Peterson. Auch zwei seiner Schiffe verloren ihr Ruder: SCHUTTEVAER, ein holländischer Admiral's Cupper, und TINA, die schnellste deutsche Yacht. Doch liegt der Fall bei Peterson anders. Wie sich später herausstellte, war das Ruder der SCHUTTEVAER nicht der Vorlage der Baupläne entsprechend gebaut worden. Man hatte in der Werft offensichtlich Material einsparen wollen.
Die TINA, zu deren Mannschaft Peterson gehörte, segelte mit einem nachträglich eingebauten leichteren Ruder aus Rohazell, einem besonders stabilen Kunststoffschaum, und einem Schaft aus Titanium. Schaft und Blatt hielten der Beanspruchung auch stand, aber die Verbindung

Erklärung der Einzelteile einer Rennyacht

1 Coffee Grinder
2 Genuaschotwinden
3 Großschotwinde
4 Spinnakerschotwinden
5 Genuafallwinden
6 Spinnakerfallwinden
7 Winde für Toppnant, Großsegelreff und -Cunningham
8 Winde für Niederholer und Genua-Cunningham
9 Kurbeltaschen
10 Twin Stay (Vorstag)
11 Fockstagbeschlag
12 Vorluk
13 Spinnakerbäume
14 Achterholer-Leitblock
15 Relinglochleitschiene
16 Fockleitschiene
17 9° Genualeitschiene
18 7° Genualeitschiene
19 Starcutleitblock

20 Umlenkblock für Genua
und Achterholer
21 Travellerholer
22 Umlenkblock für Spinnakerschot
23 Hydraulische Pumpe für
Großbraum und Achterstag
24 Rettungsinsel unterm
Steuermannssitz
25 Motorbedienung
26 Rettungsringe
27 Notruder
28 Funkpeilgerät
29 Achterstag
30 Rudersäule und Kompaß
31 Steuermanns-Instrumententafel
32 Mittelkompaß
33 Lüfter für Kombüse
34 Großschot und Traveller
35 Bullentalje
36 Crew-Instrumententafel
37 Hydraulischer Baumniederholer

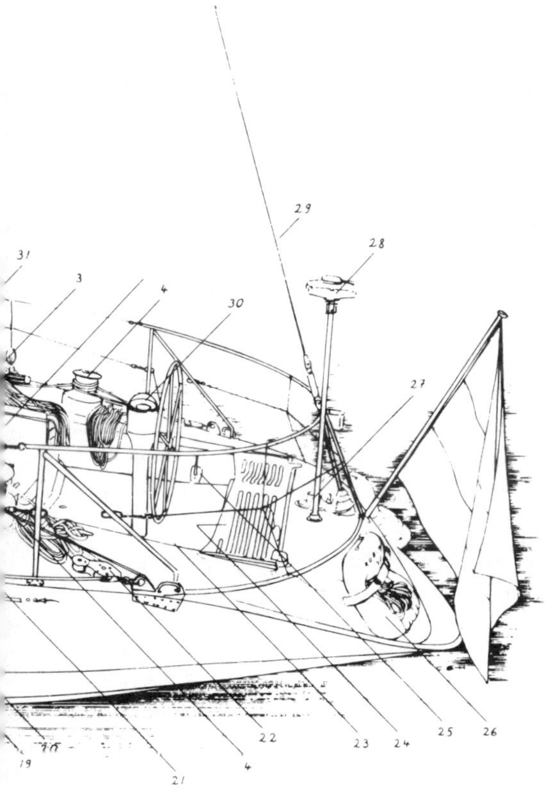

zwischen Schaft und Blatt bestand aus sechs Aluminium-Bolzen – und die brachen wie frische Salzstangen.
Der Hersteller des Ruders versuchte sich später damit herauszureden, ein Brechen unter normalen Umständen sei unmöglich. Die TINA müßte ein treibendes Objekt übersegelt haben. Dem widerspricht die ganze Mannschaft. Es war eindeutig ein Konstruktionsfehler.
Rob Humphreys, ein britischer Konstrukteur, bringt die Sache auf einen Nenner:
»Was nützen uns die besten Vorschriften, wenn wir sie nicht bis ins Detail kontrollieren können. Zu oft hängt die Stärke eines Teils von der Gewissenhaftigkeit und dem Können eines Mannes in der Werft ab.«
Was hat uns die Fastnet-Regatta gezeigt? Daß vieles gegen Spatenruder mit Kohlefaser-Verstärkung spricht, aber nichts gegen das Spatenruder als solches. Sicherlich bedarf es einer gewissen Erfahrung, solche sehr sensiblen Yachten zu segeln. Aber kein Fahrtensegler soll davon überzeugt werden, ein Spatenruder sei auch für ihn das einzig Richtige. Ein sportlicher Ferrari erfüllt nicht die Ansprüche eines Familienwagens – ihn aber deswegen als verkehrsuntauglich zu verdammen?

Fast alle Rettungsinseln kenterten

Eine Regattayacht, gerade so groß wie die Rettungsboote auf einem Ozeanliner, kann nicht auch selbst noch ein Rettungsboot mit sich führen. Speziell für die Bedürfnisse der Sportschiffahrt wurden Rettungsinseln entwickelt.
Um wenig Stauraum zu benötigen, sind sie wie ein Fallschirm zusammengelegt in Kunststoff-Containern oder verklebten Gummisäcken verpackt. Durch Zug an einer Reißleine wird eine Preßluftpatrone geöffnet, die die Insel in Sekundenschnelle aufbläst.
Rettungsinseln bestehen aus einem Gummiboden, mehreren aufgeblasenen Gummiwülsten und einem zeltartigen Dach. Sie sind je nach Typ mit Proviant, Angelhaken, Luftpumpe, Seenotmunition und Gummiflickzeug ausgerüstet.
Die Fälle, bei denen sich Segler in eine Rettungsinsel geflüchtet haben, sind selten. Das Ehepaar Bailey brachte im Pazifik mehrere Monate an

Bord einer Rettungsinsel zu, nachdem ihre Yacht gesunken war. 1970, im ersten Kapstadt – Rio de Janeiro Race, mußte eine Crew in die Rettungsinsel umsteigen, nachdem ihr Schiff bei der Kollision mit einem Wal gesunken war. Auch die italienische GUIA wurde im Südatlantik von Walen versenkt, und die Mannschaft rettete sich in die Gummiinsel.
Die meisten Fälle spielen sich bei ruhigem Wetter ab. Selten hört man davon, daß Segler im Sturm auf eine Rettungsinsel umsteigen, wie das im Fastnet-Rennen der Fall war.
Die IOR-Vorschriften besagen, daß eine Rettungsinsel an Deck angebracht oder vom Cockpit aus leicht zugänglich verstaut sein muß. Schon das führte zu Problemen. Zwölf Yachten verloren ihre Container, noch bevor sie in die Situation kamen, sie zu benutzen. Die See wusch die Pakete einfach über Bord. War einmal der Entschluß getroffen, das vermeintlich sinkende Schiff zu verlassen, so begannen erst die wirklichen Probleme. Fast alle Rettungsinseln kenterten, einige mehrmals. Dabei scheint in den meisten Fällen vergessen worden zu sein, den Seeanker über Bord zu geben, der dazu dient, die Insel zu stabilisieren. Doch ähnlich wie bei der Sturmtaktik an Bord der Yacht, gehen hier die

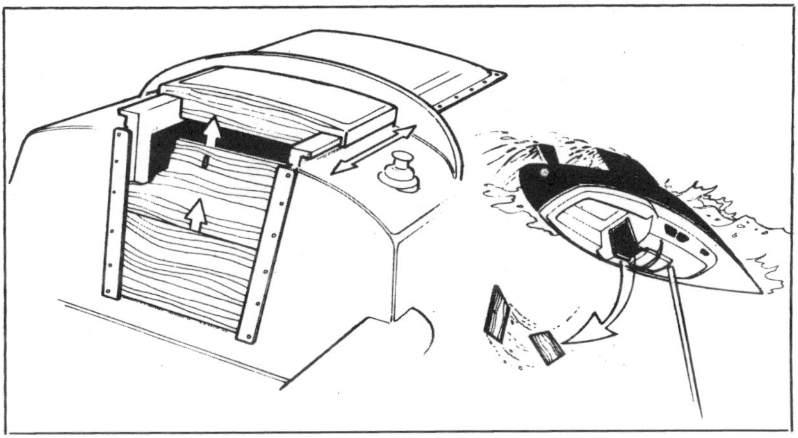

Beim Durchkentern lösten sich die Waschbords einiger Yachten aus ihren Halterungen

Meinungen auseinander. Auch in diesem Fall muß der Skipper aus der jeweiligen Situation heraus entscheiden. Eine Sechs-Mann-Insel trieb voll besetzt acht Stunden in der schweren See. Die Insel kenterte nicht ein einziges Mal, und die Mannschaft beschreibt ihre Erfahrungen so:

Nach dem Verlust des Treibankers kenterten viele Rettungsinseln durch

»Der Seeanker wurde über Bord gegeben, sobald wir uns vom Schiff gelöst hatten. Er hielt aber nur knapp eine Stunde, dann brach die Leine. Mit dem wenigen Material an Bord bauten wir einen provisorischen zweiten Treibanker, aber auch er hielt nicht lange. Jedenfalls kenterten wir nicht, obwohl das Floß mehrmals ›Banana'd‹ wurde und immer wieder mit Seewasser vollschlug. Jedesmal wurden die Gummiwülste so zusammengedrückt, daß Luft entwich, und wir mit der Hand nachpumpen mußten. Eine Rettungsinsel sollte so konstruiert sein, daß die Einstiegsöffnung beim Treiben nach Lee zeigt.«

Die Kälte in den ziemlich ungeschützten Rettungsflößen bereitete den Crews neben den Kenterungen die größten Probleme. Es lag unter anderem daran, daß sich die Luken nicht richtig verschließen ließen und Wind und Gischt die ungeschützten Schiffbrüchigen trafen. Dringend erwünscht wäre eine Wärmeisolation, vielleicht in Form von Schlafsäkken oder Decken aus Aluminiumfolie, wie sie zum Schutz nach Verbrennungen beispielsweise verwendet wird.

Wenn sich jedoch eine Rettungsinsel in ihre einzelnen Bestandteile auflöst, wie das in einem Fall geschehen ist, dann helfen natürlich auch warme Decken nichts.

Der Bericht des RORC in diesem Punkt ist vernichtend:

»Die Rettungsinseln konnten nicht den sicheren Unterschlupf bieten, den die Crews sich von ihnen versprochen haben.«

Offensichtlich ist die Entwicklung auf diesem Gebiet etwas zurückgeblieben, vielleicht deshalb, weil so wenige Fälle in der Praxis unter härtesten Bedingungen erprobt wurden.

Drei Beispiele mögen diese Bedingungen in der Praxis zeigen:

RIGHT ROYAL UPNOR, eine Contessa 32, verlor die Rettungsinsel, weil sich ihre Halterung auf dem Kabinendach gelöst hatte. Die Insel blies sich an Deck auf und wurde von Wind und See davongerissen.

ALLAMANDAS Rettungsinsel war von der Crew für den Notfall vorsorglich ins Cockpit gebracht worden. Während einer plötzlichen Durchkenterung blies sich die Insel auf.

Bitterer war die Erfahrung von George Tinley, Eigner und Skipper der Klasse-III-Yacht WINDSWEPT. Auch dieses Schiff war von einer gewaltigen Kreuzsee auf der Labadie-Bank erwischt worden und durchgekentert.

Am Mittag des 14. August hatte sich der Sturm weitgehend gelegt, aber immer noch lief von achtern eine gewaltige See auf. Die KIALOA *(35) surfte die Wellen mit großer Geschwindigkeit hinunter und erreichte das Ziel als zweites Schiff.*

Im Solent kämpften die Yachten dicht an dicht um ihre Positionen (36). Die amerikanische IMP *gehörte zu den kleinsten und schnellsten Schiffen der Flotte. Sie belegte in der Einzelwertung den 3. Platz des Gesamtklassements.*

Mit ihren 26 Metern Länge war die KIALOA *das größte Schiff der Fastnet-Flotte. Dennoch bauten sich die Seen auch für sie immer wieder bedrohlich auf (37).*

Ein Aluminiumgerüst gibt dem Rumpf der RUBIN *(38) die nötige Steifigkeit. Im Vordergrund liegen Segelsäcke. Der Komfort für die Segler ist gleich Null.*

In 71 Stunden, 53 Minuten und 51 Sekunden raste die CONDOR OF BERMUDA *über den 605 Seemeilen langen Fastnet-Kurs – neuer Rekord. Hier sehen wir die Yacht bei 7 Windstärken auf der Kreuz im Solent (39).*

SAN FRANCISCO

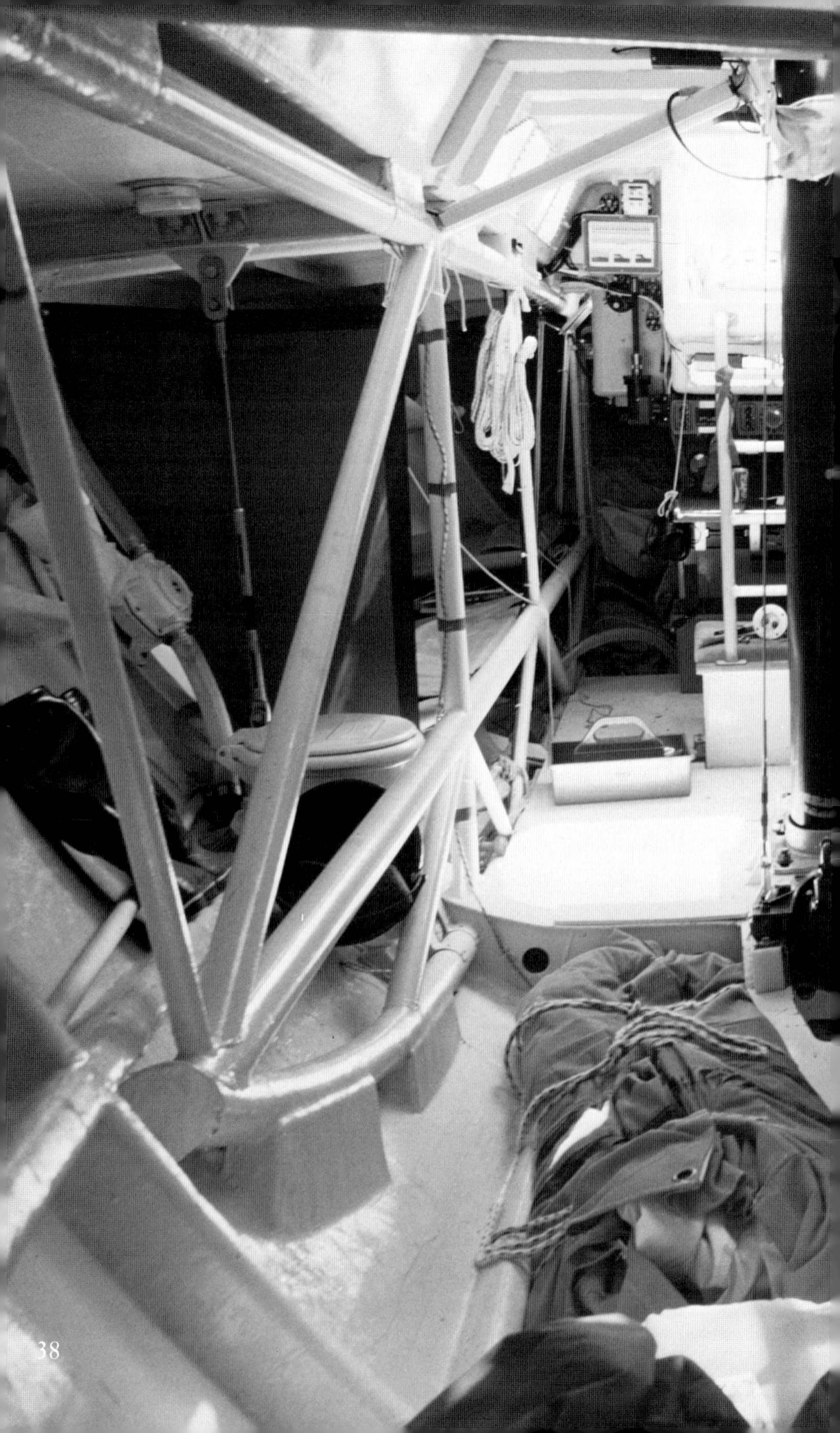

41

42

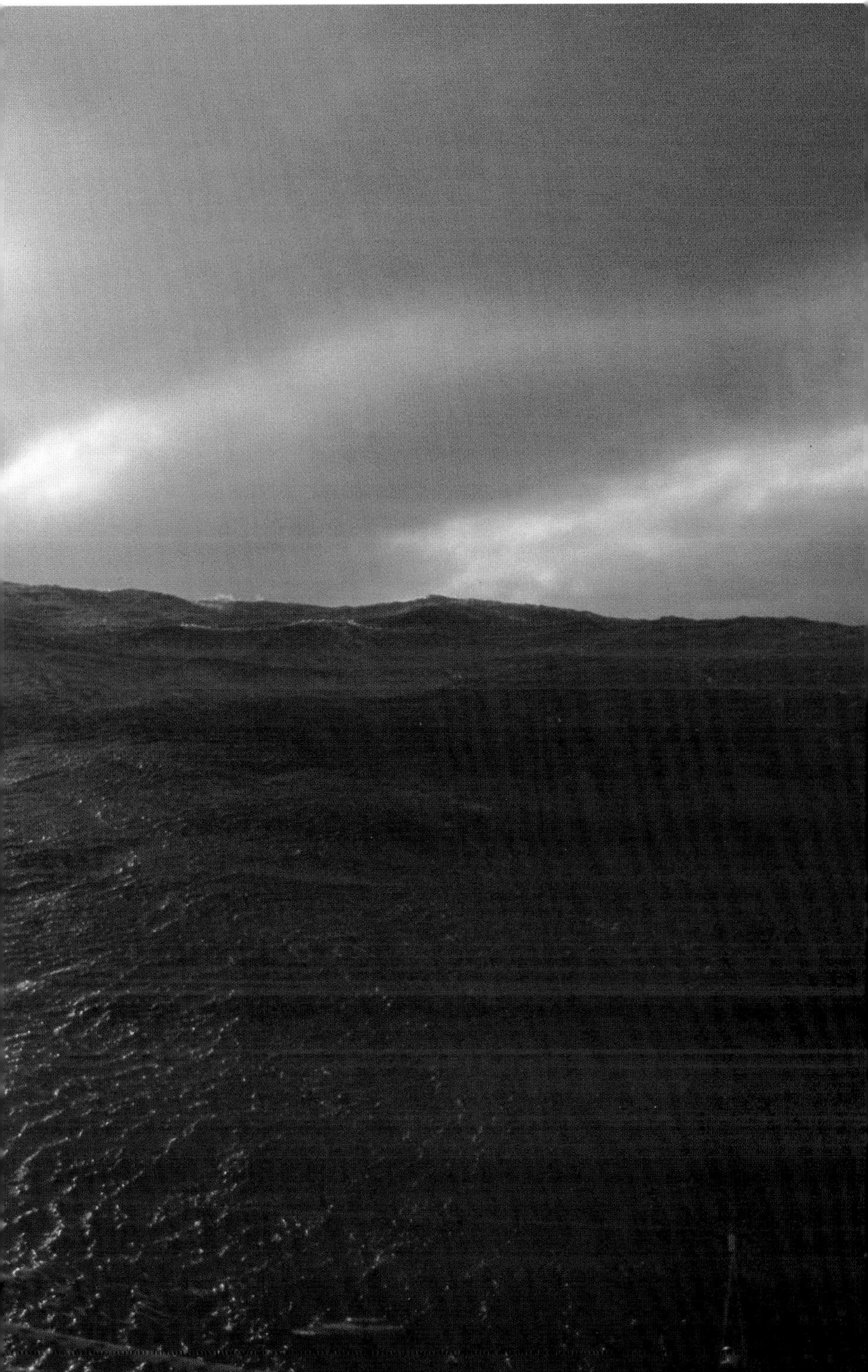

H 270

G 2052

Die schlimmsten Orkanböen sind vorbeigezogen, aber noch immer liegt die JOLIE BRISE *(40) beigedreht. Von der Klassenflagge Rot-Weiß-Blau ist das Blau während der Nacht abgeweht.*
Ted Heath, Teamchef der Briten, sitzt im Heckkorb seiner MORNING CLOUD *(41). Im Channel Race verlor er das Ruder, im Fastnet-Rennen nach zwei Niederschlägen den Mut.*
Eigner und Skipper der TENACIOUS, *der Amerikaner Ted Turner, am Ruder (42). Die* TENACIOUS *wurde Gesamtsiegerin der Fastnet-Regatta nach Auswertung des Handicaps.*
Graugrün und drohend erhebt sich eine Fastnet-See (43). Die Gewalt des Sturmes ist jedoch schon gebrochen, der Wellenkamm überschlägt sich nicht mehr.
Eine typische Szene für die Regatten im Solent. Unter Spinnaker und gerefftem Großsegel läuft die holländische FORMIDABLE *aus dem Ruder und legt sich nach Luv auf die Seite (44). Eine gefährliche Situation für Schiff und Mannschaft.*
Cockpit und Mast der TINA *mit dem fish-eye-Objektiv gesehen (45). Mit den großen Kurbeln in der Mitte des Cockpits werden die Schottrommeln bewegt. Im Vordergrund der Autor.*

Als sich die Yacht auf der anderen Seite wieder aufrichtete, war sie so voll mit Seewasser, daß ihre Crew nicht daran glaubte, hier noch etwas vollbringen zu können. Man entschloß sich, in die Rettungsinsel überzusteigen. Doch die Rettungsinsel streikte. Der Verschluß der Preßluftflasche klemmte, die Insel blies sich nicht auf.
Es blieb der Mannschaft nichts anderes übrig, als nun um ihr Leben zu schöpfen. In weniger als zwei Stunden war das Boot wieder trocken. Der schnellste Weg, ein vollgelaufenes Schiff zu retten, ist die Angst im Nacken und ein Eimer in der Hand.
Andere Probleme hatte man an Bord der Rettungsinsel der Yacht GRINGO – das Dach löste sich immer wieder vom Gummi-Rumpf und die Crew war Wind und See ausgesetzt.
»Rumpf und Dach sind nur mit Klettverschlüssen zusammengehalten«, erzählt Skipper Richard Milward. »Glücklicherweise hatten wir einen Erste-Hilfe-Kasten dabei. Mit Nadel und Faden nähten wir die Teile zusammen.« Milward klagte außerdem darüber, daß nicht genügend Proviant an Bord der Rettungsinsel war: »Wir hatten schon bald ziemlichen Hunger.«
Edward Heath schrieb später im Daily Telegraph:
»Die Bauweise, Ausrüstung und Behandlung von Rettungsinseln im Sturm muß vollkommen neu überdacht werden.«

Es gibt Fälle, wo alle Methoden versagen

Generationen von Seglern haben sich die Köpfe darüber heiß geredet, wie ein Sturm auf offener See mit einem kleinen Schiff abgeritten werden sollte. Dabei schwört jeder auf seine eigene Methode – zu Recht, wie sich im Fastnet-Rennen erwies.
Kapitän Voss, der die Erde 1901–04 in dem Indianerkanu TILIKUM umsegelte, schwört auf das Beidrehen hinter einem Treibanker. »Das Wichtigste, um Schäden oder vielleicht gar Totalverlust zu vermeiden, ist demnach das rechtzeitige und sachgemäße Beilegen. Meiner Meinung nach kann man Brecher auch mit Öl glätten.
Dies allein bedeutete schon genügende Sicherheit. Ich gehe sogar noch weiter, indem ich behaupte – und dafür kann ich ohne weiteres gerade

stehen –, daß, solange ich das Kommando über ein Schiff hatte und wir in schwerem Wetter unter Sturmsegeln beigedreht lagen, wir niemals eine See übergenommen haben, die irgendwelchen Schaden an Schiff oder Ausrüstung verursachte. Wir hatten selbst dann nicht einmal Schäden, als die Sturmsegel aus den Lieken geflogen waren. Das gleiche gilt für die kleinen Boote, die ich auf langen Kreuzfahrten gesegelt habe. Solange sie unter Seeanker und Reitsegel beigedreht lagen, geschah ihnen nichts.
Zu diesen Ergebnissen kam ich, nachdem ich folgendes beachtete: Die Sturmsegel wurden so getrimmt, daß der Bug des Schiffs dicht am Winde lag, es keine Fahrt mehr voraus machte und fast quer abtrieb. Anstatt wie beim Segeln hinter dem Heck, hat man das Kielwasser nun querab an der Luvseite. Das hat die wundervolle Wirkung, die Brecher bei ihrem Anlaufen zu glätten. Alles in allem habe ich herausgefunden, daß auf dem offenen Ozean die durch den Wind erzeugten Brecher nur dann gefährlich werden, wenn das Schiff Fahrt durchs Wasser macht. Je schneller es segelt, desto größer kann der Schaden sein, der ihm durch die See zugefügt wird. Von achtern auflaufende Seen, also solche, die über das Heck brechen, sind die schlimmsten.«
Es ist allerdings unwahrscheinlich, daß Voss, der seine Erfahrungen in einem vielbeachteten und spannend geschriebenen Buch mit dem Titel »Die abenteuerlichen Reisen des Kapitän Voss« festhielt, auf seiner Weltumseglung in einen Sturm geriet, der auch nur annähernd die Stärke des Fastnet-Orkans hatte. Über das Beidrehen schreibt er:
»Wenn man ein Fahrzeug beilegen will, bevor die Seen schwere Brecher aufgesetzt haben, ist die Sache noch einfach. Man braucht nur das Ruder niederzudrücken und das Boot mit den Segeln in den Wind kommen zu lassen. Wenn es aber bereits hart geworden ist und sich ein übler Seegang bemerkbar macht, muß man sehr vorsichtig sein, das Schiff mit der Nase in den Wind zu bringen. Wenn man nämlich von einer schweren See getroffen wird, solange sich das Schiff noch in Fahrt befindet, kann es sehr schlimme Folgen haben. Um dies zu vermeiden, sollte der Schiffsführer nach einer guten Gelegenheit ausgucken, wenn die Seen einigermaßen glatt sind. Das wird von Zeit zu Zeit immer einmal sein, selbst wenn der Sturm seinen Höhepunkt erreicht hat. Dann drücke das Ruder nieder und laß das Schiff mit der back gesetzten Stagsegelschot in den

Wind kommen. Dieses nach Luv geholte Segel wird die Fahrt voraus abstoppen, sobald es in den Wind schießt. Das Abstoppen ist die Hauptsache bei diesem Manöver.
Auf den Robbenfängern habe ich verschiedentlich, wenn ich vor einer schweren See herlief, alle Segel geborgen, um dann unter Topp und Takel in den Wind zu drehen. Die Sturmsegel setzte ich später. Ich habe damit gute Erfahrungen gemacht.«
In einem Taifun, den Voss Jahre danach mit einem anderen Schiff, der SEA QUEEN, durchstehen mußte, nützten ihm jedoch all seine Erfahrungen wenig. Mehrfach kenterte er mit der SEA QUEEN durch: »Gerade als ich auf dem Boden angelangt war, sah ich einen gewaltigen Brecher auf uns zukommen. Mit den Nägeln krallte ich mich am Kiel fest, um nicht über Bord gewaschen zu werden. Im gleichen Augenblick rauschte die See auch schon über den Kiel hin. Es gelang mir jedoch, daran hängen zu bleiben. Dieselbe See bewirkte, daß sich das Boot auf die Seite legte, und nun brachte der Eisenballast am Kiel es langsam, aber sicher wieder in die richtige Lage. Beim Aufrichten kletterte ich über den Schandeckel. Als das kleine Fahrzeug wieder auf ebenem Kiel schwamm, lag ich bereits in der Sitzkuhle.«
Nur mit einer Notbesegelung und viel Glück erreichten Voss und seine zwei Mann Besatzung den nächsten Hafen.
Aber auch der Norweger Erling Tambs, der eine ganze Reihe von schweren Stürmen erlebte, ist davon überzeugt, daß das Beidrehen die einzige wirksame Möglichkeit ist, sicher durch einen Orkan zu kommen. In seinem Buch »Kreuzfahrten des Grauens« schreibt er:
»Der Himmel nahm allmählich ein garstiges, drohendes Aussehen an, und es war bald klar, daß wir böses Wetter bekommen sollten. Um drei Uhr nachmittags brachten wir das Boot in den Wind, bargen den Besan und banden in Großsegel und Fock doppelte Reffs ein. Beim Versuch, den Sturmklüver zu setzen, brach die Schot, und die mit zwei schweren Schotblöcken wütend herumpeitschende Leinwand schlug ein Loch in die Fock, so daß unsere beiden Schwerwettervorsegel für ein Beiliegen unter ihnen untauglich wurden.«
Allerdings nützten auch ihm seine Erfahrungen nicht viel, als ein atlantisches Tiefdruckgebiet sich in einen ausgewachsenen Orkan verwandelte:

»Ein rascher Blick auf den Kompaß zeigte mir, daß der Wind nach Südwest herumgegangen war. Es lag Nordost zu Nord an. Ich rief den Rudergängern zu: ›Seht nur zu, daß wir nicht übergehen; aber aufpassen, daß wir nicht quersee geraten!‹
Während der letzten halben Stunde hatte sich die See völlig verändert. Gewiß hatte sie sich zuvor zu Wasserbergen getürmt; das waren mehr gutmütige Riesen, die uns nur dann etwas zuleide taten, wenn wir nicht achtgaben. Jetzt war die See in wildem Aufruhr, als ob jene Riesen rein toll geworden wären. Sie fuhrwerkten in einer bösartigen, trunkenen Art herum und taten sich auf einmal zusammen, um mächtige Türme gen Himmel aufzurecken und fürchterliche Brecher zu bilden, wo man sie am wenigsten erwartete. Nie habe ich das Meer so schreckhaft-drohend gesehen.
Ja, es blies nicht schlecht! Das Vorluk, ein kleines, aber sehr schweres Teil, wurde von dem Sturm aufgeklappt, von seinen handfesten Scharnieren abgerissen und ging auf die Reise durch die Luft.
Wir hatten freilich alle Hände voll zu tun und konnten uns nicht viel umsehen. Zu dritt – Peter Archer, Einar Tveten und ich – fierten wir die Fock und versuchten, sie festzumachen; aber die Zeisinge brachen. Während ich mich mit Einar Tveten neben mir vorn ans Segel klammerte, schickte ich Peter Archer mittschiffs, ein Ende schweren Taus zu holen, das unter dem Rettungsboot lag, wo wir allerhand Gerät verstaut hatten. Gerade in diesem Augenblick steckte das Boot seine Nase tief in eine See, und ich sprang auf und packte das Fockstag, während ich bis zu den Hüften im Wasser stand. Auch jetzt glaubte ich noch nicht an eine unmittelbare Gefahr. Ein rascher Blick zeigte mir, daß sich Einar dicht neben mir an der Reling festklammerte, während Peter – auf allen vieren – mit dem Zeising nach vorn kroch. Keiner von uns dreien bemerkte den riesigen Brecher, der plötzlich von achtern auflief. Doch Thorleif Taraldsen, der an der Pinne stand, sah ihn und schwört, er sei so hoch gewesen wie unser Masttopp.
Keiner von uns wußte, was geschah, als das Boot auf einmal vollständig untertauchte. Urplötzlich war meine ganze Umgebung wie weggewischt. Ich verlor meinen Halt am Fockstag; wie, vermag ich nicht anzugeben. Es schien zwischen meinen Händen zerronnen zu sein. Das

Boot war weg, der Himmel war weg, die Kameraden waren weg. Ich schwebte mutterseelenallein in einem quirlenden Nichts siedender Gischt, ein hilfloser Spielball gewaltiger, wild brodelnder Wassermassen. Da spürte ich, daß ich durch einen mächtig in die Tiefe strudelnden Strom abwärts gezerrt wurde. Ja, das mußte der durch das sinkende Boot verursachte Sog sein. Ich konnte mir keine andere Erklärung denken, als daß die Beplankung vom Steven losgesprungen war und daß die SANDEFJORD mit Mann und Maus unterging.«
So oder so ähnlich muß es auch einigen Seglern beim Fastnet-Rennen ergangen sein. Die SANDEFJORD war durchgekentert. Als sie sich wieder aufrichtete, wurde auch Tambs wieder an die Oberfläche gespült und konnte sich schwimmend auf das Boot retten. Einen Mann, Kaare Tveter, sahen er und Peter Archer jedoch nie wieder. Das war vor mehr als 40 Jahren, und die SANDEFJORD war ein Colin Archer, ein Schiff also, das man in seiner Bauweise und Reaktion in einem Sturm nur sehr schwer mit einer modernen Rennyacht vergleichen kann. Trotzdem stehen Voss und Tambs als erfahrene Segler und Weltenbummler, die viele schwere Stürme abgeritten haben, für die Meinung, daß das Beidrehen das Beste sei. Leinöl zum Beruhigen der See ins Meer gegeben, bewähre sich nicht, sondern »schmecke scheußlich«, wenn es mit der Gischt aus dem Wasser gerissen einem ins Gesicht fliegt. Auch vom Treibanker war Tambs, im Gegensatz zu Voss, nicht sonderlich überzeugt. Was besseres fiel ihm allerdings auch nicht ein.
Bobby Schenk, einer der erfahrensten deutschen Weltumsegler, ist ganz anderer Meinung, wenn es ums Überleben geht:
»Beidrehen können wir bei mehr als acht Windstärken nicht mehr, sondern hier gibt es nur einen Ausweg, und der heißt: Vor dem Wind ablaufen – im Notfall mit blanken Masten. Wir dürfen aber die Geschwindigkeit nicht unterschätzen; bei acht Windstärken kann eine Sechs-Tonnen-Yacht unter blanken Masten ohne weiteres vier bis fünf Knoten erreichen. Sollte der Wind aber noch stärker werden, so daß die Seen, die von achtern heranrollen, immer gefährlicher aussehen, und unsere Yacht anfängt, häufiger die Wellenberge hinabzusurfen, müssen wir etwas tun, um die Fahrt des Schiffes zu hemmen.«
Er schlägt vor, Trossen in großen Buchten achteraus nachzuschleppen.

»Eine Fahrt von 20 Prozent unter Rumpfgeschwindigkeit betrachte ich gerade als den besten Kompromiß.«
So überstand auch Joshua Slocum, Vater der Einhandsegler, seinen schlimmsten Sturm (und blieb in einem anderen verschollen):
»Ich konnte jetzt nur noch die leuchtenden Kämme der Wellen erkennen. Sie bleckten die Zähne, wenn die Slup über sie hinwegtanzte. ›Ich biete alles für genug Seeraum!‹ rief ich, und ließ soviel Segel stehen, wie sie eben tragen konnte. Sie lief die ganze Nacht mit raumen Schoten; aber am Morgen des 4. März drehte der Wind auf Südwest, sprang dann plötzlich auf Nordwest und wehte mit furchtbarer Gewalt. Die Segel flogen in Fetzen davon und die SPRAY lief vor Topp und Takel ab. Kein Schiff auf der Welt hätte gegen einen so heftigen Sturm anboxen können.«
Auch Einhandsegler Bernard Moitessier, für viele Segler die letzte Instanz, wenn es um Fragen des Hochseesegelns geht, lief in schweren Stürmen vor dem Winde ab, etwa in einem Winkel von 20 Grad zu den Wellen.
Moitessier schildert mit der ihm eigenen Eindringlichkeit, wie er mit seiner JOSHUA in den Roaring Forties (den Brüllenden Vierzigern – gemeint ist das Seegebiet südlich des 40. Breitengrades) in einen ausgewachsenen Sturm gerät und wie er all das, was ihm die Klassiker Tambs und Smeeton geraten haben, anzuwenden versucht. Vor Topp und Takel laufend, alle Segel festgemacht, fiert er die vorbereiteten Trossen als Treibanker achteraus.
Trotzdem deckt jede vierte oder fünfte See das Boot vollkommen ein. Es wird immer schwerer, die JOSHUA vor der See zu halten, »denn die Bremswirkung der Trossen bewirkt, daß sie schwerer zu steuern ist, je mehr die See zunimmt. Immer häufiger läuft sie aus dem Kurs, trotz hartem Ruderlegen. Und was ich unbestimmt befürchtet habe, tritt schließlich ein; es war mein Fehler, denn meine Aufmerksamkeit hatte nach 15 Stunden am Ruder natürlich nachgelassen: durch eine See aus dem Kurs geworfen, schlägt JOSHUA quer, und als die Sturzsee da ist, ist es zu spät. Ein eiskalter Wasserfall läuft mir ins Genick, dann eine schnelle Krängung, die unerbittlich stärker wird, allerdings gar nicht heftig. Alle Geräusche sind ausgelöscht, dafür ertönt plötzlich das Geklirr einer

Kaskade von Gegenständen, die durch die Kajüte rauschen ... drei oder vier Sekunden ... und JOSHUA richtet sich wieder auf«.
Nachdem der Franzose kurz darauf eine Beinahe-Durchkenterung erlebt, wird ihm klar, daß diesem Sturm mit den Erfahrungen von Smeeton und Tambs nicht beizukommen ist. Von Françoise, seiner Begleiterin, läßt er sich Passagen aus dem Buch von Vito Dumas »Auf unmöglichem Kurs« vorlesen, der behauptet, er hätte sein Tuch bei jedem Wetter und bei achterlichem Wind stehen lassen.
»Der kann viel reden!« ruft Moitessier empört aus. »Er hat diese See nie gesehen!«
Und doch läßt er Françoise weiterlesen:
»Wenn der Wind stärker wird, und man behält alles Tuch oben, kommt sie in eine Art Gleitzustand auf den Wellen und läuft für Augenblicke über 15 Knoten. Im Anfang, sagt er, ist das eindrucksvoll, später gewöhnt man sich daran; wenn man so schnell läuft wie die See, ist sie nicht mehr gefährlich.«
Moitessier ist beeindruckt. Was Dumas mit seinem kleinen Boot gemacht hatte, würde das auch für die JOSHUA gelten? Und dann, nachdem weitere Seen auf das Deck der JOSHUA geknallt waren und sie arg gebeutelt hatten, entscheidet er sich:
»Françoise! ... komm schnell und nimm das Ruder für zwei Sekunden, ich erkläre es dir. Gib mir mein Messer ...«
»Ich gehe in einem günstigen Moment raus und schließe das Luk wieder. Sie nimmt das Ruderrad. Eins ... zwei ... drei ... vier ... fünf. Alle Trossen sind mit wenigen Schnitten durchgetrennt. Dann komme ich ins Cockpit zurück, öffne das Luk und setze mich schnell wieder auf den Steuersitz, den Françoise freigegeben hat, indem sie nach der Kombüsenseite herunterrutscht, ohne das Rad loszulassen.
JOSHUA ist nicht wiederzuerkennen, sie ist überhaupt nicht mehr zu vergleichen mit dem armen Schiff der vergangenen Nacht, das mich an den kleinen Jäger denken ließ, der, mit den Füßen in einer Liane verfangen, versucht, die Schläge des Gorillas zu parieren. Das hätte schlecht ausgehen können ...
Jetzt läuft sie frei vor Topp und Takel, krängt, wenn die See unter einem Winkel von 15 bis 20 Grad anläuft, nimmt wie ein Wellenreiter Fahrt auf,

die Leebacke gegen den Abhang der See gelegt und reagiert ohne weiteres auf das Ruder, wenn ich sie wieder vor den Wind lege. Die schweren Brecher, die aussehen, als wollten sie alles zerschlagen – unerheblich, solange man sie schräg von achtern nimmt.«
Vielleicht sind die unterschiedlichen Erfahrungen von Slocum, Voss bis Moitessier gerade der Beweis für eine Theorie, die im Grunde so alt ist wie die Seefahrt. Jedes Schiff reagiert in Extremsituationen anders, und es ist Aufgabe des Skippers herauszufinden, was er in welcher Lage zu tun hat.
Patrick van God, ein belgischer Weltumsegler, der seit 1978 als auf See verschollen gilt, hat in seinem Buch »Trismus. Im Winter um Kap Hoorn« seine mehr ins Grundsätzliche gehenden Erfahrungen festgehalten: »Ich glaube, daß es unnütz ist, eine besondere Segeltechnik vorschreiben zu wollen. Wenn es als sicher gilt, daß Schleppanker und Beigedrehtliegen verdammenswerte Techniken sind – was soll man noch dazu sagen? Ein Boot wird, beigedreht und unter stark gerefftem Großsegel, in aller Ruhe auch die höchsten Wellenberge abreiten. Ein anderes wird sich während eines Unwetters in Sicherheit bringen wollen, es profitiert von seiner Schnelligkeit, bleibt voll manövrierfähig und schert sich kaum um die folgenden Wellen. Bis zu dem Moment, in dem die große See von hinten aufkommt, jene Woge, die man in den hohen Breiten jederzeit erwarten muß: Das ist dann der Knock-out oder, im schlimmsten Fall, der Untergang.«
Vor allem, so van God, müsse man das Boot materiell und die Besatzung psychologisch auf Extremlagen vorbereiten. Weil diese fundamentalen Regeln mißachtet würden, seien so viele Yachten verschwunden oder gesunken.
Grundsätzlich äußert er sich auch zur Sicherheit und zu der Versuchung, bei Regatten zu viel zu riskieren. Er schrieb dies 1973 auf Papeete und meinte das »Whitbread Round the World Race«. Auch dieses Rennen verlief tragisch, weil das Siegen um jeden Preis die Seemannschaft verdrängt zu haben scheint. Dazu van God: »Weil man in diesen Breiten eine böse, unberechenbare See antreffen kann, besteht für ein Boot, das nicht schnell genug ist, um gut zu manövrieren, ebenso große Gefahr wie für eine Yacht, die zuviel Tuch führt, überschnell ist und damit unkon-

trollierbar wird. Darüber hinaus ist man in einem solchen Wettbewerb stets einer unwiderstehlichen Versuchung ausgesetzt: Die Segel werden bis zu dem Moment genauestens im Auge behalten, in dem es ganz dick kommt, und dann riskiert man ein Menschenleben, nur weil man einen nach vorn schicken muß, um das einzuholen, was zu viel stand.«

In dem Augenblick, wo eine Yacht tatsächlich in einen Sturm gerät, bei dem es um Leben und Tod geht, ist es zu spät, um in Handbüchern die richtigen Manöver nachzublättern. Der richtige Seemann wird instinktiv handeln, denn jedes Schiff verhält sich im Sturm anders und kein Sturm ist wie der andere. Der Skipper bleibt mit seiner Entscheidung ganz allein. Deshalb ist jede Methode richtig, wenn sie Erfolg hat. Aber es gibt unter hundert Fällen den einen Fall, wo alle Methoden versagen.

Wie Yachten verschiedener Größe den Fastnet-Sturm erlebten, welche Taktik sie in der Not anwandten und mit welchem Erfolg, zeigt die folgende Aufstellung. In der Einteilung hat man sich an die verschiedenen IOR-Klassen gehalten.

Wenn von Schiffen der Klasse I die Rede ist, dann sind das Yachten von etwa der Größe der TINA und JAN POTT (um 15 Meter Länge).

Klasse III entspricht einer Größe von der TAI FAT und der JOLIE BRISE (um elf Meter Länge) und

OOD 34 (Offshore One Design 34) ist eine Einheitsklasse, also alle Yachten sind von ihren Dimensionen her identisch, und rund elf Meter lang.

Klasse IV und Klasse V (IOR) waren mit neun bis zehn Metern Länge die kleinsten Yachten, die am Fastnet-Rennen teilnahmen.

Klasse I:

- Beim Treiben ohne Segel und ohne Ruder im Schiff erlebten wir einen schweren Knockdown. Wir hätten die Taktik des Treibens nicht angewendet, wäre das Ruder nicht gebrochen gewesen.
- Sind durchgesegelt, keine entscheidenden Probleme gehabt.
- Haben das Schiff unter kleinster Besegelung hoch an den Wind gelegt. Keine Probleme.

Klasse III:

- Drei Stunden lang sicher vor Topp und Takel getrieben, dann einen schweren Knockdown erlebt. Schließlich mit Absicht schnell vor dem

Wind abgelaufen, zwischen fünf und zehn Knoten, was gut ging.
• Boot konnte nicht langsam genug gemacht werden. Trotz achteraus gegebener Trossen fielen wir mehrfach von einer hohen See hinab. Das resultierte schließlich in einer Durchkenterung.
• Trotz achteraus gegebener Leinen zum Abbremsen sind wir durchgekentert. Das Boot wäre sicherer gewesen mit zwei Knoten mehr Fahrt.
OOD 34:
• Eine halbe Stunde ließen wir das Schiff ohne Segel treiben, dann erlebten wir einen schweren Knockdown. Wir gaben Segel über den Bug, um das Schiff mit der Nase im Wind zu halten. Das schien zunächst gut zu gehen. Eineinhalb Stunden später erlebten wir aber eine zweite Durchkenterung. Schließlich gaben wir Trossen und einen Seeanker achteraus und liefen vor der See ab. Endlich lagen wir sicher, aber die See hatte sich auch etwas beruhigt.
• Eine halbe Stunde lang lagen wir beigedreht, dann kenterte uns eine Welle durch. Die hätte jedes Schiff umgeworfen, woher sie auch gekommen wäre.
• Unter Sturmfock weitergesegelt. Das Segel war jedoch zu groß. Wir wären mit einem Trysegel glücklicher gewesen.
Klasse IV:
• Auf raumem Kurs abgelaufen, mehrere schwere Knockdowns erlebt. Solange wir die Seen genau von achtern nehmen konnten, schienen wir sicher zu sein.
• Wir sind direkt vor der See abgelaufen, mit Erfolg mehrere Stunden lang. Dann überrollte uns eine Kreuzsee, die aus dem Nichts zu kommen schien.
• Drei schwere Knockdowns ablaufend vor dem Wind, mit Trossen achteraus. Das Boot segelte vielleicht zu langsam.
• Unter nackten Masten ablaufend wurden wir vom Wind aufs Wasser gedrückt und von der nächsten See überrollt.
• Keine Taktik schien uns sicher. Wir erlebten Knockdowns sowohl beim Ablaufen unter Sturmfock als auch beim Ablaufen unter kahlen Masten, mit Trossen achteraus gegeben.
• Ablaufen unter nackten Masten schien uns sicher; ohne Trossen nachzuschleppen, schien uns das Schiff zu schnell.

Klasse V:

• Zwei schwere Knockdowns während wir beigedreht lagen, weitere schwere Knockdowns beim Ablaufen vor dem Wind und Geschwindigkeiten bis zu 15 Knoten. Uns schien es die beste Taktik, hoch am Wind zu laufen.

• Unter Sturmfock am Wind gesegelt, die gefährlichsten Seen ausgesteuert. Das ging ganz ordentlich, wäre mit einem kleineren Trysegel aber besser gewesen.

• Beim Versuch, am Wind zu segeln, durchgekentert. In der Dunkelheit haben wir uns treiben lassen, während des Tages gesegelt. Haben keine echten Probleme gehabt.

Wir sehen also, daß zwei Yachten dieselbe Methode versuchten, und was der einen gelang, mißlang der anderen. Keine der üblichen, in den Handbüchern erwähnten Taktiken wurden ausgelassen und keine erwies sich in jener Nacht als sicher. Ob beigedreht mit Seeanker (oder Seeanker-Ersatz), ob vor dem Wind ablaufend, mit oder ohne Trossen achteraus, ob am Wind mit langsamer Fahrt – es nützte nichts, die See holte sich ihre Opfer.

SCHIFFE HABEN KEINE OHREN

Es gab eine Zeit, da sprach man in der Seefahrt von den eisernen Männern auf den hölzernen Schiffen. Das war in der Mitte des vergangenen Jahrhunderts, als frachtfahrende Großsegler von kleinen Besatzungen um die halbe Welt geprügelt wurden, die nicht selten erst aufgaben, wenn die See ihr Schiff zu Kleinholz zerschlagen hatte.
Die Technik in der Sportsegelei hat sich heute Baumaterialien zu eigen gemacht, die dafür sorgen, daß auch eiserne Männer gelegentlich an ihren Schiffen zerbrechen. Aluminium, Titanium, V2A-Stahl und Kunststoffe aus der Raumfahrttechnik sind nahezu unzerstörbar.
Auch Fastnet hat gezeigt, daß der Mensch nicht selten das schwächste Glied in der Kette ist, selbst wenn Skipper und Crew über besondere seemännische Erfahrung verfügen – wovon man in einer Fastnet-Regatta mit einigen Ausnahmen ausgehen kann.
Seekrankheit ist dabei keineswegs das entscheidende Problem. In der Umfrage des RORC gaben die Skipper an, daß im Durchschnitt auf jedem Schiff nur ein bis zwei Mann durch Seekrankheit völlig ausgefallen waren. Selbst bei kleineren Booten, die eine Besatzung von sechs Mann haben, ist das kein großer Faktor.
Die größten Feinde der Hochseesegler sind Kälte und Erschöpfung. Moderne Rennyachten mit ihren glatten Decks und den flachen Cockpitmulden geben den Seglern keinerlei Schutz. Sie sind Wind und Wetter erbarmungslos ausgeliefert. Unter Deck sieht es meist nicht anders aus. Rohrkojen mit Segeltuch bespannt, unverkleidete Aluminiumspanten, eine Außenhaut, an der das Schwitzwasser herunterläuft und das Seewasser wegen der fehlenden Bilge bei Lage hinaufläuft. Wie im Klang-

körper eines Musikinstruments wird der Lärm von Deck nach unten getragen. Eine Privatsphäre gibt es nicht.
Die außergewöhnliche Belastung in nie erlebtem, schwerem Wetter, die Lebensangst bei Durchkenterungen oder beim Anblick eines schwerverletzten oder sterbenden Kameraden, die Dunkelheit, der Lärm – all das kann zu Reaktionen führen, die im nachhinein völlig unverständlich erscheinen.

Als sei ein riesiger Damm gebrochen

Die Situation beim Ausbruch eines schweren Sturmes beschreibt Joseph Conrad in seiner Erzählung »Taifun« sehr plastisch: »Es war etwas Ungeheuerliches, und es geschah so schnell wie das plötzliche Bersten einer Schale des Zorns. Als sei in Luv des Schiffes ein riesiger Damm gebrochen, stürzten gewaltige, alles erschütternde Wassermassen über die NAN-SHAN herein, und rund um das Schiff schien die Welt in Aufruhr geraten. Im Augenblick hatten die Männer jede Verbindung miteinander verloren. Das ist die zersetzende Macht eines schweren Sturmes: Sie trennt die Menschen voneinander und reißt sie fort. Ein Erdbeben, ein Erdrutsch, eine Lawine überfallen den Menschen gleichsam ohne Haß, wie zufällig. Ein wütender Sturm hingegen greift ihn an wie ein persönlicher Feind, versucht, ihn zu packen, bemächtigt sich seiner Gedanken und trachtet ihm die Seele aus dem Leib zu reißen.«
Es ist die Übermacht dieses Gegners, das Gefühl der Hilflosigkeit vor etwas Unabwendbarem, das den Menschen verändert. Es bedarf schon eines ungewöhnlich festen Charakters und einer Erfahrung, wie sie nur Segelschiffskapitäne noch haben können, um diesem Ausbruch der Elemente mit der nötigen Gelassenheit und Klarsicht entgegenzutreten.
Es ist eine Grundregel der Seemannschaft, so lange an Bord eines Schiffes zu bleiben, bis es einem wirklich unter den Füßen wegsackt. Was so viele Segler veranlaßte, ihre Schiffe dennoch Hals über Kopf zu verlassen und sich einer nie erprobten und höchst unsicheren Rettungsinsel anzuvertrauen, versuchte der Bremer Psychologe Fritz Stemme zu erklären:

»Viele Mannschaften setzten sich aus seeunerfahrenen Jollenseglern oder Nur-Regattaseglern zusammen, für die Seemannschaft zweitrangig zu sein scheint. Sie sehen die auf Leistung getrimmte Regattayacht als mehr oder weniger abstraktes Sportgerät an, das für sie nur während der Regatta selbst von Bedeutung ist. Eine enge Bindung, wie sie ein Fahrtensegler zu seinem Boot hat, existiert allenfalls beim Skipper – und dies meist nur aus pekuniären Gründen. Geborgenheit wird unter Deck nirgendwo signalisiert.
Das infernalische Heulen des Orkans sowie das Hämmern der Seen gegen den nichtisolierten Rumpf zermürbt die Nerven und läßt jeden Wunsch, an Bord einer treibenden Segelyacht zu bleiben, ersterben. Auf der TINA startete man den Motor – auch um unter Deck das Kreischen des Windes zu kaschieren. Unter diesen Gesichtspunkten wird es verständlich, wenn jede Chance zur Abbergung wahrgenommen wird.
Beim Fastnet-Rennen löste der Orkan bei vielen Seglern der kleineren Yachten panisches Verhalten aus. Wellen von nie erlebter Höhe und knatternde Rettungshubschrauber ließen Leute über Bord springen, die bis dahin nie gegen den seemännischen Grundsatz verstoßen hatten, daß man an Bord bleibt, solange das Schiff schwimmt. Aber diesmal war alles ganz anders. Panik tritt immer dann auf, wenn die Zusammenarbeit an Bord total zusammenbricht. Psychologen sind seit langem der Meinung, daß nicht die Angst Hauptauslöser für panisches Verhalten ist, sondern der Verlust des Vertrauens in die Sicherheit des Bootes und der Mannschaft. Das persönliche Sicherheitsinteresse stimmt nicht mehr überein mit dem Sicherheitsinteresse der Crew.
Auch bei großen Bränden hat man Ähnliches beobachten können. Gewöhnlich fangen diejenigen Leute an, sich panikartig zu verhalten, die glauben, sie hätten keine Überlebenschance, wenn sie Ruhe und Ordnung bewahren. Bei Theaterbränden sind es diejenigen Besucher, die von den Ausgängen am weitesten entfernt sind. Wo es absolut keine Chance des Entkommens gibt, tritt interessanterweise nie Panik auf. Bei U-Boot-Unglücken, bei denen Menschen ganz und gar von den Ausgängen abgeschnitten waren, kam es nie zu Paniken.
Zwei Situationsmomente sind also entscheidend: Es muß eine Überraschungssituation entstehen, der man sich nicht gewachsen fühlt, und es

müssen von den Beteiligten Überlebenschancen gesehen werden, indem man die Zusammenarbeit mit den Kameraden aufgibt. Damit bricht auch die Ordnung für die Rettung an Bord zusammen.«

Ähnliche Kritik am Verhalten von Crews wurde auch in England laut. Matthew Hunt, ein Überlebender des Unglücksschiffes ARIADNE, äußerte sich in einem Leserbrief an die britische Tageszeitung »Guardian« zu diesem Verhalten. Er schrieb:

»Sehr geehrte Herren,

ich möchte einen Artikel von Bob Fisher (englischer Yachtsportjournalist und Korrespondent des ›Guardian‹) beantworten, in dem Kritik an Seglern der Fastnet-Regatta geübt wird, weil sie Sicherheits-Regeln mißachtet hätten. Die ARIADNE wurde dabei als Beispiel eines Bootes herangezogen, das von seiner Crew verlassen wurde, obwohl es nicht notwendig war.

Ich bin auch dafür, daß man so lange wie möglich auf dem Boot bleiben sollte. Meine Meinung ist, ebenso wie die meiner Kameraden, daß wir das gemacht haben.

Bei der ersten Durchkenterung verloren wir den Mast, schlugen halb voll Wasser, und ein Mann verletzte sich schwer. Bei der nächsten Durchkenterung verloren wir einen Kameraden. Hätten wir eine dritte Durchkenterung erlebt, und das schien kaum vermeidbar, wäre vielleicht ein weiterer Mann verlorengegangen oder wir hätten uns an der kantigen Inneneinrichtung verletzt und womöglich sinken können, ohne die Rettungsinsel auszubringen. Vielleicht wäre die Rettungsinsel auch verloren gegangen – wer will das wissen? Durch das ständige Leerschöpfen des Bootes waren wir so geschwächt, daß wir mit einer dritten Durchkenterung kaum fertig geworden wären.

Ich sollte vielleicht noch das unglaubliche Gefühl der Geborgenheit erwähnen, das uns überkam, als wir in der Rettungsinsel saßen. Und ich bin sicher, daß der psychologische Auftrieb, den wir dadurch erhielten, uns einige Minuten länger aushalten ließ – sehr wertvolle Minuten in meinem Fall.

Matthew Hunt

Colchester, Essex.«

Die Fastnet-Regatta war kein Ereignis für Theoretiker. Sie kann lediglich dazu dienen, aus den aufgesammelten Scherben ein Bild zusammenzusetzen, das Anregungen für die Bewältigung ähnlicher Probleme gibt. Menschen nachträglich einen Vorwurf daraus zu machen, in einer Situation falsch gehandelt zu haben, in die ein Mensch nur selten gerät, ist ungerecht.

Ein Sport im Grenzbereich

Ein Ereignis wie der Untergang von fünf Schiffen und der Tod von 15 Menschen in der Fastnet-Regatta löst naturgemäß unter Außenstehenden Entsetzen aus. Eine Sportart, die auf einen Schlag derartig viele Opfer fordert, muß es sich gefallen lassen, mit äußerster Kritik untersucht zu werden. Es ist aber niemandem damit gedient, pauschale Vorwürfe gegen Segler und Yachten zu erheben.
Der Untersuchungsbericht des Royal Offshore Racing Club, der nichts anderes ist als ein Spiegel der Erfahrungen der Überlebenden des Fastnet Race, sagt ganz klar aus: Es nahmen an der Regatta durchweg erfahrene Mannschaften teil, und die modernen Konstruktionen der Hochseeyachten sind im Prinzip nicht weniger seetüchtig und stabil gebaut als herkömmliche, konventionelle Yachten mit langem Lateralplan, Deckshaus und unterteilten Riggs. Eher das Gegenteil ist der Fall.
Halten wir uns eins vor Augen: Hochseeregattasegeln ist ein Sport im Grenzbereich. Er ist eine Herausforderung an Schiff und Mannschaft, wie sie in keinem anderen Bereich der Segelei gestellt wird. Entfernt sich eine Mannschaft von dieser Risikogrenze, so kann ihr Schiff nicht gewinnen.
Es ist falsch, einer Crew zu unterstellen, sie hätte nur ans Gewinnen gedacht und an sonst nichts. Wer dieses Buch bis hierhin gelesen hat, der weiß, daß man den Mannschaften der TROPHY, GRIMALKIN oder ARIADNE diesen Vorwurf nicht machen kann. Sie haben nicht um den Sieg gekämpft, sondern ums Überleben.
Die Katastrophe von Fastnet hat viel mit der Größe der Yachten zu tun gehabt. Von Todesfällen betroffen waren nur Boote bis zu einer Länge von zwölf Metern und auch das nur in einem ganz eng begrenzten Seegebiet um die Labadie-Bank.

Ich bin fest davon überzeugt, daß IOR-Yachten oberhalb dieser Größe zu den sichersten Sportbooten überhaupt gehören, wenn sie von einer vernünftigen Crew gesegelt werden. Träumer, Aussteiger und Abenteurer findet man an Bord dieser Schiffe nicht.
Man sollte sich davor hüten, IOR-Yachten mit solchen Schiffen in einen Topf zu werfen, die von Einhand-Regatta-Seglern gesteuert werden. Wer an Bord eines Sieben-Meter-Winzlings, eines 60-Meter-Dreimasters oder eines Trimarans mit Tragflügeln über den Atlantik segelt, stellt sich außerhalb der Prinzipien erlernter und überlieferter Seemannschaft. So etwas hat nichts mit Fastnet zu tun.
Eigenartigerweise stehen diese Einhandsegler unter der schützenden Hand des Seglervolkes, einsamen Samurais gleich, die uneigennützig für den Ruhm irgendeiner Seglernation siegen. Meine Bewunderung für Männer wie den Transatlantik-Rekordhalter Eric Tabarly (eine Ausnahmeerscheinung) ist groß, aber schon der nicht weniger bewunderungswürdige Rekord-Weltumsegler Alain Colas hat eine Situation angetroffen, die selbst er nicht bewältigen konnte. Er ist seitdem verschollen.
Dennoch – auch im Admiral's Cup-Segeln sind Tendenzen festzustellen, die genauer Beobachtung bedürfen. Der Hochseesegelsport hat sich in den letzten 20 Jahren sehr verändert. Ursprünglich wurden die Rennen ausschließlich auf hoher See gesegelt – Transatlantik, Transpazifik, Newport–Bermuda, Sydney–Hobart, Fastnet. Heute liegt der Schwerpunkt bei Tagesregatten auf olympischem Kurs und auf Mittelstreckenregatten bis zu 200 Seemeilen. Dabei haben sich die Boote in Takelage und Ausrüstung sehr verkompliziert, in Einrichtung und Komfort vereinfacht. Bei Regatten von ein, zwei Tagen und Nächten bleibt man an Deck, nicht unter Deck.
Die alten Seebären mit ihrem Blick für das aufziehende Wetter und Augenmaß im Sturm sind verdrängt worden von Jollenseglern und Taktikern olympischer Prägung. Mit der Unbekümmertheit, mit der Jollensegler ihr Boot in der Regatta zu Schrott segeln und sich dann retten lassen, mit derselben Nonchalance gehen sie heute in Hochseerennen.
Es sind alles gute Segler, flink, zäh, kühn und erfahren darin, eine Yacht unter normalen Bedingungen schnell zu machen. 99mal geht das gut, beim hundertsten Mal bekommen sie Probleme.

Noch etwas anderes kommt hinzu: Der harte Kern dieser Segler ist auf jeder bedeutenden Hochseeregatta der Welt zu finden. Aber es sind Segler, die ohne Freude segeln. Der britische Yachtsportjournalist Jack Knights meinte 1980 während der Kieler Woche im Juni: »Es wird erst seit sechs Monaten gesegelt und schon hat keiner mehr Lust.«
Das ist bezeichnend für eine Entwicklung, in der die Handhabung eines Bootes verbreiteter ist als das Segeln eines Bootes. Für die Ereignisse im Fastnet-Rennen ist diese Tendenz zwar wenig relevant, weil die Admiral's Cup-Yachten kaum betroffen waren, aber es heißt wachsam zu sein, damit eine solche Lässigkeit nicht auch auf andere IOR-Klassen abfärbt.
Etwas anderes hat Fastnet jedoch ganz deutlich gezeigt. Es bewies einmal mehr, auf welch schwankendem Boden all jene Theoretiker stehen, die glauben, in unbegrenzter Weisheit anderen Leuten vorschreiben zu können, welche Taktik und welches Verhalten auf See bei Sturm angebracht ist.
Leider gehörten auch sie wieder zu den ersten, die vom Lehnsessel zu Hause die Stimme erhoben und den ach so dummen Fastnet-Seglern ein herzliches »Siehste, habe ich doch immer gesagt« in ihr nasses Grab mitgaben.
Auf See ist jeder allein mit sich und seinen Problemen, da hilft kein Kapitel 3, Absatz 2, da entscheiden Instinkt, ein klarer Kopf und die Kenntnis des eigenen Schiffes. Und es kann Situationen geben, wo selbst das nicht mehr hilft.
Fastnet hat auch den Rettern neue Erkenntnisse gebracht. Besonders wenn man einen Vergleich zwischen Luft- und Wasserrettung zieht, so zeigte sich letztere weit unterlegen.
Die Hubschrauber waren in Verbindung mit den Suchflugzeugen in ihren Einsatzmöglichkeiten derart überlegen, daß man sich fragt, wieso eigentlich noch Rettungskreuzer gebaut werden.
Die Ortungsgeräte der Nimrods sind so sensibel, daß sie sogar schwimmende Bierdosen über Meilen entfernt auf See noch erfassen. Ihren Radaraugen entging nichts. Was sie entdeckten, holten die Helikopter aus dem Wasser, scheinbar mühelos, als sei es ihr tägliches Brot.
Den Rettungskreuzern, die wegen des langen Anfahrtsweges erst spät im Unglücksgebiet eintrafen, blieb nichts anderes übrig, als die See von den

Trümmern leerzufischen und einige havarierte Yachten abzuschleppen. Zumal die Rettungsboote der Royal National Lifeboat Institution zum größten Teil völlig veraltet, zu langsam sind und einen zu geringen Aktionsradius haben.

Doch selbst ein vollwertiger, moderner Zerstörer ist in seinen Einsatzmöglichkeiten begrenzt und hat im Zweifelsfall selbst Probleme, mit dem Wetter klarzukommen. Ein Übernehmen von Schiffbrüchigen in schwerer See an Bord eines Schiffes gleicht, wie sich im Fall der NANNA zeigte, einem Selbstmordunternehmen. Heute ist man in der Luftfahrt schon so weit, daß man die Mannschaft samt Schiff von einem Hubschrauber in die Höhe ziehen und in Sicherheit bringen könnte.

Zieht man einen Strich unter die Problematik Mannschaften, Boote, Rettungsaktion, so kommt der Bericht des RORC zwar zu einer Fülle von Einzelerkenntnissen, die der Verbesserung bedürfen, nicht aber zu tiefgreifenden Erfahrungen, die einschneidende Folgen für die Zukunft der Hochseesegelei haben. Die Ausrüstung muß verbessert werden, auch die Haltbarkeit gewisser Teile. Insgesamt aber sind IOR-Yachten moderner Bauweise so seetüchtig, wie man es von Schiffen dieser Größe kaum vermutet hätte.

Im Januar-Orkan 1976, der die letzte große Sturmflut an der deutschen Nord- und Ostseeküste auslöste, war ich an Bord des modernsten Seenotrettungskreuzers der Deutschen Gesellschaft zur Rettung Schiffbrüchiger, JOHN T. ESSBERGER, beim Einsatz in der Ostsee. Vier bis fünf Meter oberhalb der Wasseroberfläche habe ich mir in der geheizten Brücke des Kreuzers Gedanken darüber gemacht, ob in diesem Inferno aus Regen, geifernder Gischt und kochender See für eine IOR-Yacht überhaupt noch Überlebensmöglichkeiten bestehen. Inzwischen weiß ich – sie bestehen tatsächlich. Daran sollte jeder Segler denken, wenn es ihn ebenfalls einmal erwischt.

Sicher müssen wir immer im Auge behalten, was sich an unseren Schiffen verbessern läßt und wo einer Entwicklung Zügel angelegt werden müssen. Aber was in der Hochseesegelei vergessen wurde, und das betrifft nicht nur den Segler, sondern die Menschheit ganz allgemein: Es gibt noch Situationen, in denen uns die Technik nicht weiterhilft, wo wir uns auf unsere eigenen Kräfte besinnen müssen.

Die ganz besonderen Beziehungen zwischen Mensch und Schiff, zwischen den mächtigen Einflüssen, denen beide in einem unsicheren Element ausgesetzt sind, hat niemand eindringlicher beschrieben als Joseph Conrad:
»So kommt es nicht darauf an, daß man weiß, was ein Schiff nicht kann, vielmehr sollte man, um ein gutes Verhältnis zu ihm zu gewinnen und, um erfolgreich zu sein, genau wissen, was in ihm steckt und was es zu leisten imstande ist, wenn es hierzu in verständnisvoll feinfühliger Berührung aufgefordert wird . . .
Ja, unsere Schiffe haben keine Ohren, und somit können sie auch nicht betrogen werden. Ich möchte meine Auffassung von der Treue, die zwischen einem Mann und seinem Schiff wie zwischen einem Meister und seiner Kunst herrscht, durch eine Behauptung erläutern, die ganz einfach ist, wenn sie auch überspitzt klingt. Und zwar möchte ich behaupten, daß der Führer einer Rennyacht, der nur des Ruhmes wegen an seinen Sieg denkt, niemals einen großen Ruf erlangen wird. Die wahren Meister ihres Berufs – ich sage das aus meiner Erfahrung mit Schiffen in voller Überzeugung – hatten mit dem Schiff, das sie führten, immer nur das eine Ziel im Auge, ihr Bestes zu geben. Nicht an sich selbst zu denken und sich mit seinem ganzen Denken und Fühlen dieser großen Kunst hinzugeben, das ist für einen Seemann der einzige Weg zu getreuer Pflichterfüllung.«

ZWANZIG JAHRE DANACH

Der Fastnet-Orkan, die »Todes-Regatta«, liegt im Sommer 1999 genau 20 Jahre zurück. Eine lange Zeit, in der sich der Segelsport in technischer Hinsicht dramatisch weiterentwickelt hat. Aber bis heute ist der Begriff »Fastnet« zum Synonym für die Sturmgefahren auf See geblieben. Das Fastnet Race in seiner ursprünglichen Form, nämlich als Abschlußregatta für die Teilnehmer des Admiral's Cup, gibt es ab 1999 nicht mehr. Fastnet wurde ausgegliedert, weil die Yachten, mit denen heute um den Admiral's Cup gesegelt wird – filigrane, hochtechnisierte Offshore-Jollen –, für längere Hochseeregatten nicht mehr geeignet sind. Der Admiral's Cup oder besser das, was von ihm verblieben ist, hat zur Jahrtausendwende erheblich an Anziehungskraft eingebüßt, nicht zuletzt eine Folge nationaler Alleingänge bei der Suche nach einer allseits verbindlichen Handicap-Formel.

Doch sind regattafachliche Belange an dieser Stelle zweitrangig. Was uns vielmehr interessiert, ist die Frage: Wurden in sicherheitstechnischer Hinsicht Fortschritte im Yachtsegeln gemacht, aber mehr noch, kann sich ein Fastnet-Sturm mit den gleichen verheerenden Folgen für den Segelsport wiederholen?

Die erste Frage muß man mit einem vorsichtigen »Ja, aber« beantworten. Die Regattayachten sind in ihrer Bauweise nicht sicherer geworden, sie sind noch leichter konstruiert und schneller, aber damit auch technisch anfälliger. Deutlich verbessert hat sich hingegen die passive Sicherheitsausrüstung. Dazu gehören detaillierte, zu jeder Zeit abrufbare Wetterberichte, elektronische Seekarten, satellitengesteuerte

Navigationssysteme, eine verbesserte Kommunikation und leistungsfähige See- und Luftrettungsdienste, die sich notfalls mit der Aktivierung automatischer Seenotfunkbojen (EPIRB) alarmieren lassen.
Die zweite Frage, ob sich nämlich ähnliche Katastrophen wiederholen können, hat die Segelgeschichte der letzten 20 Jahre schon mit einem deutlichen »Ja« beantwortet. Davon wird in diesem letzten Kapitel zu reden sein. Die letzten 20 Jahre haben auch dem Autor dieses Buches eine Anzahl wenn nicht lebensbedrohender, so doch unangenehmer Segeltage beschert. Ohne schwere Stürme geht selbst eine Sommersaison in unseren Breiten selten vorüber. Dazu ein Beispiel.
Ausgerechnet zum Senatspreis 1984, dem Abschluß der Kieler Woche Ende Juli, zog ein Orkantief über die westliche Ostsee. Im Gegensatz zum Fastnet-Rennen lag der Wetterbericht mit seiner Vorhersage so falsch nicht. Sie lautete Windstärke 8-9, eigentlich zuviel, um eine Regatta zu segeln. Kaltes Wetter und heftige Regenfälle schon Stunden vor dem Start ließen vermuten, daß der Senatspreis nicht eben eine fröhliche Veranstaltung werden würde. Als die Yachten gegen 08.00 morgens, etwa zwei Stunden vor Regattabeginn, bei ablandigem Westwind den Hafen von Schilksee verließen, war schwer abzuschätzen, wieviel Wind draußen auf dem Stollergrund-Revier wehen würde. Da aber die Sonne gelegentlich durch die Wolken brach und die Temperatur scheinbar stieg, stieg auch die Stimmung auf dem Dreivierteltonner SHERRY TIME, einer Dehler vom Typ db1. Es wehte mit Stärke 5, allerdings unterbrochen von heftigen Böen.
Als wir die Nase unseres Bootes um die Spitze der Halbinsel Bülk steckten und offenes Wasser erreichten, bot sich ein grandioses Schauspiel. Wie fetter schwarzer Qualm wälzte sich aus Westen eine Wolkenwand heran, die See war von gischtgekrönten, aber wegen der nahen Abdeckung noch flachen, steilen Seen bedeckt. Da draußen, das war deutlich, herrschte dicke Luft. Die ersten Boote machten sich auf den Rückweg.
Wir banden das zweite Reff ins Großsegel, die Fock wurde gar nicht erst angeschlagen. Im selben Augenblick, als die Sonne von der Wolkenwalze verschluckt wurde, legte der Wind stoßweise zu. Das dritte Reff kam ins Großsegel.

Gut eine Stunde nach dem Auslaufen raste, mit Regen vermischt, aus Nordwest die erste Orkanbö heran. Die Sicht war durch fliegendes Wasser auf weniger als eine halbe Meile gesunken. Die See aber besaß keine Kraft, denn wir lagen nur etwa zwei bis drei Seemeilen vom Landschutz entfernt.
Welche Stärke der Wind hatte, das konnten wir an Bord nur schätzen. Bei 45 Knoten (Windstärke 9) war das Windmeßgerät aus dem Masttopp geschüttelt worden. Von Bord des Startschiffes, einem Minensuchboot der Bundesmarine, wurden später 50 Knoten (Windstärke 10-11) gemeldet. Tatsächlich ließ die Wettfahrtleitung starten; von ursprünglich etwa 100 Teilnehmern verlor sich nur noch ein gutes Dutzend Boote im Tumult. Die anderen hatten fluchtartig den Rückmarsch angetreten. Als uns dann aber, sechs Mann auf der hohen Kante, nur noch ein Fetzen Großsegel gesetzt, eine Serie von Böen so auf die Seite knallte, daß der Mast parallel zum Wasser lag, entschieden wir uns ebenfalls für den Heimweg.
Wieder einmal wurde deutlich, was Joseph Conrad in seinem Roman »Taifun« als die »zersetzende Macht des Sturmes« bezeichnete. Sie geht einher mit zeitweiliger Willenslähmung (um so mehr, je kälter es ist), die am besten von Menschen bewältigt wird, die ähnliche Situationen bereits erlebt haben und in solchen Augenblicken die notwendigen, aus dem Unterbewußtsein heraus gesteuerten richtigen Entscheidungen treffen. Die Lähmung, ein fast schockartiger Zustand, entsteht, wenn der Mensch auf Ereignisse trifft, die sein Vorstellungsvermögen, seinen Erfahrungshorizont übersteigen. Dazu muß man gar nicht einsam weit draußen auf See sein. Diese Erfahrung kann man als Segler auch an der Küste unserer heimischen Gewässer machen. Zu wünschen ist es niemandem.

Die Katastrophe im Vasco-da-Gama-Rennen

Ende April 1984, als in der Ostsee die ersten Regatten zum Auftakt der Saison gesegelt wurden, gingen in Durban/Südafrika 29 Yachten an den Start zum Vasco-da-Gama-Rennen nach East London, einige hundert Meilen südlich die Küste hinunter. Diese Regatta gilt unter den sturmerprobten südafrikanischen Seglern als das Fastnet-Rennen des Indischen Ozeans. Und tatsächlich gab es einige verblüffende, schreckliche Parallelen zum Fastnet-Rennen 1979.

Am Mittwoch, dem 25. April 1984, gingen um 16.00 Uhr die ersten, langsameren Boote an den Start. Am folgenden Morgen um zehn Uhr folgte der Start der zweiten Gruppe mit den schnelleren Regattaschiffen. Für den Verlauf der Regatta auf fast südlichem Kurs gibt es zwei Entscheidungen. Entweder bleibt man dicht unter der Küste, um sich die thermischen Winde (Landwind, Seewind) zunutze zu machen, oder man entschließt sich, hinaus auf See zu gehen, um in etwa 30 bis 40 Seemeilen Entfernung den Mozambiquestrom zu erreichen, der mit vier bis fünf Knoten südwärts setzt und den Umweg mehr als wettmacht. Alle Teilnehmer entschieden sich für diesen zweiten Weg.

Am Morgen des Mittwochs wehte es leicht aus Nordost. Die Wettfahrtleitung setzte sich mit dem Wetterbüro des Flughafens von Durban in Verbindung und bat um eine Vorhersage. Sie lautete: leichte bis mäßige Winde aus Südwest. Gegen Mittag am Donnerstag wurde die Meldung korrigiert. Jetzt hieß es: auffrischende Winde von 25-30 Knoten – das sind Beaufort 6-7. Von einer Sturmwarnung war keine Rede. Die Wetterstationen entlang der Küste (Port St. Johns, Port Shepstone und Durban) bestätigten die Vorhersage. Ein Blick auf das Barometer: Am Mittwoch zeigte es 1010, am Donnerstag früh 1006 und zur Mittagszeit 1000 Millibar.

Am Abend des Donnerstags verbreitete Durban Radio bei der routinemäßigen Durchsage nach den Nachrichten um 19.03 Uhr eine Sturmwarnung von 30-35 Knoten – das sind gut 7 Windstärken, hartes Wetter, aber selbst für einen Kurs hoch am Wind keine unmittelbare Gefahr.

Eine Stunde später wehte es im Regattagebiet mit 60 Knoten Wind – voller Orkan.

Zu diesem Zeitpunkt hatten alle Yachten den schiebenden Mozambiquestrom erreicht. Man braucht nicht viel Phantasie, um sich vorzustellen, was für ein Inferno an Seeungetümen entsteht, wenn 60 Knoten Wind gegen vier bis fünf Knoten Strom drücken.

Die meisten Skipper taten das einzig Richtige, sie versuchten so schnell wie möglich aus dem Strom herauszukommen, indem sie abfielen und im rechten Winkel auf die Küste zusteuerten.

MAGIC CARPET, ein Lavranos-Dreivierteltonner unter dem erfahrenen Skipper David Cox, stand etwa 18 Meilen vor der Küste. Er ließ alle Segel bergen und lief unter nackten Masten auf die Küste zu. »Du hast etwa zwei Stunden Zeit, bis der Sturm die Seen zu Bergen aufgewühlt hat«, sagte er hinterher. Gegen elf Uhr in der Nacht lag die Yacht noch rund zwei Meilen vor der Küste, außerhalb des Stroms und nicht mehr in Gefahr. Chris Bonnet auf dem Schwesterschiff PURSUIT erwischte es etwa 40 Seemeilen vor der Küste. Er wurde schon kurz nach sieben Uhr von dem Orkan überrascht. Für die nächsten sechs Stunden gab er eine Windgeschwindigkeit von 80 Knoten an (was kaum zu glauben ist, zumal es meines Wissens keine Windinstrumente gibt, deren Skala so weit reicht). Von etwa 01.00 Uhr bis um 06.00 Uhr am Freitag heulte es nach seinen Messungen noch mit 60-65 Knoten Wind und am Vormittag immerhin noch mit 40 Knoten, in Böen bis 60 Knoten, was einem orkanartigen Sturm entspricht. Die Wellenhöhe schätzte er auf 25-30 Meter und fügte hinzu: »So hoch, daß man es ehrlich kaum glauben kann.« Die meisten Schäden an der Flotte ereigneten sich zwischen 02.00 Uhr und 06.00 Uhr am Freitag.

Bis hierhin ist der Regattaverlauf von der Wettervorhersage bis zum zeitlichen Sturmverlauf fast identisch mit dem Fastnet-Rennen. Auch damals gab es keine Wettervorhersage, die von »Orkan« sprach, und die meisten Yachten erwischte es in den ersten Morgenstunden – so lange benötigte die See, um sich zu voller Höhe aufzubauen.

Auch die PURSUIT versuchte sofort aus dem Stromgebiet zu fliehen. Da sie weit seewärts stand und, um die Küste zu erreichen, zunächst den ganzen Strom hätte durchsegeln müssen, steuerte Chris Bonnet nach Osten aus dem Strom hinaus und nahm dann Kurs auf Durban. Zwei Mann seiner Crew wurden im Cockpit festgebunden, mit dem Blick achteraus, und warnten ihn vor jeder schweren See. Er versuchte die Ungetüme möglichst genau im rechten Winkel zu nehmen und unter dem Schiff durchrauschen zu lassen. Das schien gut geklappt zu haben, denn nach 20 Stunden ununterbrochener Arbeit am Ruder hatte das Schiff Durban wieder erreicht. Hinterher gab er an, bald nach Einbruch

des Orkans ordentlich gegessen und getrunken und sich gut in Ölzeug verpackt zu haben, weil sie wußten, was auf sie zukam.
Weniger glücklich war die Crew der TRANSFORMER, eines Peterson-Dreivierteltonners. Die Yacht drehte sich in einer See um 360 Grad, verlor ihren Mast und ihr Ruder und erreichte – der Respekt ist der Crew sicher – den Hafen von Durban ohne fremde Hilfe. Aber anderen ging es noch schlechter.
CAPE OF GOOD HOPE, eine Halbtonner-Yacht der südafrikanischen Marine unter Roland Brown, wurde acht Seemeilen vor der Küste – in Höhe Green Point Light – von einer See überrollt und um sich selbst gedreht. Dabei zersprang ein Kabinenfenster an Backbord. Während das Schiff kopfüber lag, versuchte ein Crewmitglied durch den halboffenen Niedergang ins Cockpit zu tauchen und die Rettungsinsel zu lösen. Schließlich richtete sich die CAPE OF GOOD HOPE wieder auf. Zwar stand der Mast noch (!), aber es war soviel Wasser ins Schiff gedrungen, daß die Crew beschloß, in der Rettungsinsel Zuflucht zu suchen. Acht Minuten später war die Yacht gesunken. Inzwischen hatte das Containerschiff TRANSVAAL die Schiffbrüchigen erreicht und gab ihnen Schutz zu Luv. Nach einer Stunde konnte die Besatzung von einem Hubschrauber der südafrikanischen Luftwaffe aufgewinscht und gerettet werden.
SPIFFERO, eine Dufour 34 unter Skipper Peter Spreckley, hatte gegen 02.00 Uhr, etwa 20 Seemeilen auf See stehend, ein ähnliches Erlebnis. Die Yacht kenterte durch, und als sie sich auf der anderen Seite wieder aufgerichtet hatte, waren das gesamte Rigg und der Seezaun einschließlich aller Stützen verschwunden. Nur die Rettungsinsel, die an Deck festgelascht war, sowie ein Teil des Heckkorbs blieben übrig. Am Rumpf waren zudem allerhand Schäden zu erkennen. Unter Deck waren die Batterie und der Motor (!) aus ihren Verankerungen gerissen. Um 06.00 Uhr überschlug sich die SPIFFERO erneut unter einer gewaltigen See. Trotzdem gelang es mit einer Notantenne, einen »Mayday«-Ruf abzusetzen, der von dem Frachter LIBREVILLE und einem Schiff der Küstenwache aufgefangen wurde. Das Rettungsboot fand die SPIFFERO am Nachmittag um 17.30 Uhr. Bei dem Rettungsmanöver geriet ein Tampen in die Schraube des Bootes. Dennoch konnte die Crew der

Yacht übernommen werden. Die SPIFFERO sank kurz darauf. Zu den Sturmschäden waren mehrere harte Stöße gegen den Rumpf des Rettungsbootes gekommen, so daß die Yacht schnell Wasser gemacht hatte. Erst am Sonntagnachmittag erreichten Retter und Gerettete den Hafen von East London – sie mußten von einem zweiten Küstenwachboot geschleppt werden.

Das dritte Schiff, das bei diesem Rennen verlorenging, war der Zweitonner SENSATION, eine Lavranos-Konstruktion, die von Neil Bailey gesegelt wurde. Auch Bailey hatte versucht, aus dem Strom herauszukommen und unter Land Schutz zu suchen, was ihm trotz Legerwall immer noch relativ sicher erschien. Am Freitag um 03.00 Uhr rannte die Yacht auf einen Felsen nahe South Sand Bluff. Die weißen Gischtwände der sich brechenden Seen vor Augen, sah die Crew ihren Untergang kommen. Obwohl ein Sturmsegel stand und der Motor mit voller Leistung lief, konnte die SENSATION keinen Luvraum mehr gewinnen. Mit viel Glück rettete sich die Crew auf den Strand.

Neil Bailey war der letzte Mensch, der das einzige Schiff der Regattaflotte sah, das mit Mann und Maus verlorenging: die RUBICON unter Skipper Siggi Eichholz und seinen vier Mann Besatzung. Die RUBICON, ein Holz-Knickspanter vom Typ Royal Cape One Design, ist knapp neun Meter lang und wurde von van de Stadt konstruiert. Diese sehr schnellen und robusten Boote sind wegen ihrer Seetüchtigkeit in den stürmischen südafrikanischen Gewässern besonders beliebt. Sie segeln sowohl in Dreiecksregatten gegeneinander als auch in den anspruchsvollen Hochseeregatten entlang der Küste des Südatlantiks und des Indischen Ozeans.

Die RUBICON wurde zuletzt ganz in der Nähe der SENSATION gesehen, und Skipper Bailey war so überzeugt davon, daß das unglückliche Schiff ganz in der Nähe gestrandet sei, daß er sich einen Geländewagen mietete, um die Küste nach Wrackteilen der RUBICON abzusuchen. Aber auch viele Suchflüge der südafrikanischen Luftwaffe brachten keine neuen Erkenntnisse – die RUBICON blieb verschwunden. Fünf Tote: Das ist der bittere Tribut, den die südafrikanischen Segler im Vasco-da-Gama-Rennen 1984 bezahlen mußten.

Der Killer-Orkan von Kiel

Daß selbst unsere heimischen Reviere vor Überraschungen nicht sicher sind, zeigt ein Ereignis, das leicht mehr Opfer hätte fordern können als das unglückselige Fastnet, wäre es nur wenige Stunden früher hereingebrochen.
Es ist fast auf den Tag zehn Jahre nach dem Fastnet-Orkan, als sich am Sonntag, dem 27. August 1989, ein Unwetter über der westlichen Ostsee zusammenbraut, wie es folgenreicher nie erlebt wurde.
In Schleswig-Holstein sind die Sommerferien gerade zu Ende, und Regen und eine Starkwindwarnung für das Gebiet der Kieler Bucht sorgen dafür, daß die Ostsee an diesem Wochenende nicht sehr belebt ist. An schönen Tagen segeln zwischen Kiel und den dänischen Inseln Hunderte von Booten mit Tausenden von Besatzungsmitgliedern.
Die See ist leer, die Marinas sind hingegen, kurz nach dem Höhepunkt der Saison, noch voll belegt. In Wendtorf, Schilksee, Kiel ist kaum ein freier Liegeplatz zu finden. Die meisten Eigner sind in dem Bewußtsein, ihr Schiff im sicheren Hafen vertäut zu haben, beruhigt nach Hause gefahren. Starkwind gibt es in Kiel selbst im Hochsommer.
Die Katastrophe bricht völlig unvermittelt über die schleswig-holsteinische Küste herein.
Bis zum Abend hat es konstant aufgebrist, was durchaus nicht beunruhigend ist. Lediglich ein abnorm hoher Wasserstand ist Hinweis darauf, daß etwas Ungewöhnliches droht.
Um 19 Uhr weht es mit den vom Wetterdienst angekündigten sieben Windstärken. Um 21 Uhr, es beginnt dunkel zu werden, mißt man im Kieler Binnenhafen Böen bis Stärke 10. Wenig später herrscht voller Orkan.
Orkanböen sind in den Wintermonaten durchaus keine Seltenheit in Kiel. Entweder weht es aus West oder, was seltener vorkommt, aus Ost. Kein Problem für Wasserfahrzeuge, denn nach beiden Seiten ist die Kieler Förde von Land geschützt.
Es gibt nur eine Lücke im System – Winden aus nord- oder nordöstlicher Richtung sind die meisten Häfen in und um Kiel weitgehend

schutzlos ausgeliefert. Nach Norden ist die Förde offen. Aber Nordstürme? Die hat es wohl seit Menschengedenken nicht gegeben.
Bis zur Nacht vom 27. auf den 28. August 1989. Als der Orkan mit Spitzengeschwindigkeiten bis zu 68 Knoten (ca. 130 km/h) Stromleitungen zerreißt, Wälder abhobelt und die Ostsee in eine Kap Hoorn-See verwandelt, wütet er aus nördlicher Richtung.
Vielen noch in der Nacht über Rundfunk und Telefon zusammengerufenen Schiffseignern bleibt nichts anderes zu tun, als der Zerstörung ihrer Boote zuzusehen. Hafenmauern, Steganlagen, ganze Bootsschlengel brechen zusammen oder treiben davon. Hunderte von Freizeitbooten werden wie Kehricht in die Hafenecken gefegt. Besonders hart trifft es Wendtorf und den ehemaligen Olympiahafen Düsternbrook im Herzen Kiels. Überall gesunkene, zertrümmerte, von Dalben aufgespießte und gestrandete Yachten.
Wie durch ein Wunder findet kein Segler den Tod. Der materielle Schaden freilich ist enorm. Auf rund 30 Millionen Mark summieren sich die Schadensersatzforderungen an die Bootsversicherer. Den Wert der beschädigten, aber nicht versicherten Boote hat niemand gezählt.
Die Parallelen zum Fastnet 1979 sind durchaus beklemmend.
Der Kiel-Orkan bezog einen Teil seiner Kraft aus dem ehemaligen tropischen Wirbelsturm »Erin«. Das Kiel-Tief, 994 hPa um Mitternacht, wurde vom Wetterdienst als relativ harmlos eingeschätzt, mit einem vorausberechneten Zuggebiet von Holland über Niedersachsen nach Polen.
Völlig unerwartet machte die Depression am späten Nachmittag des Sonntags einen Schlenker nach Norden und begann ihren Weg der Zerstörung.
Es fehlte an diesem Sonntag nicht an Windwarnungen. Kein Wetterdienst hatte allerdings auch nur annähernd derartige Windstärken vorhergesagt. Unwetteralarm gab es erst, als der Sturm bereits aus allen Rohren blies.
Die Meteorologen waren nach Abzug des Orkans wegen der mangelhaften Vorhersage in einen Proteststurm der Küstenbewohner geraten. Es blieb ihnen nicht viel anderes übrig, als das Zustandekommen des Unerwarteten nachträglich zu begründen. Sicher ist jedoch,

daß die Natur dem Wetterdienst mal wieder ein Schnippchen geschlagen hatte.

Der pazifische Fastnet-Orkan

»Ab und zu geschieht in der Wirklichkeit etwas so Atemberaubendes, daß man es in einem Roman oder einer Erzählung als Ausgeburt einer überschäumenden Phantasie abtun würde. So ein Ereignis braute sich während der ersten Juniwoche 1994 im Südpazifik zusammen«. Mit diesen Worten beginnt das Buch mit dem Titel »Rettung im Pazifik – Überleben im Orkan«, in dem der Neuseeländer Tony Farrington über den »pazifischen Fastnet-Orkan« berichtet. Obwohl die dramatischen Ereignisse auf der Fastnet genau gegenüberliegenden Seite unseres Globus geschahen, sind die Parallelen zu dem vernichtenden Sturm südöstlich Irlands verblüffend.
60 meist kleinere bis mittelgroße Fahrtenyachten befinden sich in den ersten Junitagen auf dem Wege von Neuseeland zur etwa 1000 Seemeilen entfernten Südseeinselgruppe Tonga. Etwa die Hälfte der Boote hat sich zu einer Art loser Regatta zusammengeschlossen, um so gemeinsam sicher die Südsee zu erreichen.
Am 3. Juni 1994 empfängt ein Satellit den Notruf einer automatischen Seenotfunkboje und leitet ihn an die U.S. Coast Guard im kalifornischen Long Beach weiter. Wenig später kündet der auf- und abschwellende Sirenenton im Cockpit einer Boeing 737 der »Air Pacific« auf dem Wege von Fidschi nach Auckland/Neuseeland vom Auslösen einer EPIRB-Funkboje. Drei weitere Flugzeuge bestätigen den Alarm. Was ist geschehen?
Die Flotte der Segelboote kommt bei gutem Wetter und leichten bis mittleren Winden rasch mit Kurs Tonga voran. Etwa die Hälfte der Strecke ist geschafft. Niemand rechnet mit einer ernsthaften Wettergefahr, denn zu dieser Zeit des Jahres entstehen keine Taifune, allenfalls tropische Depressionen. Die bringen zwar gelegentlich Starkwind, aber keine schiffsbedrohenden Bedingungen.
Eine solche Depression, eingekeilt zwischen zwei kräftigen Wettersystemen, einem Hoch- und einem Tiefdruckgebiet, wird am 2. Juni

tatsächlich gemeldet. Die Isobare, die auf dem Wetterfax eine Schleife bildet, läßt auf zeitweilig Windstärke 7 schließen. Am nächsten Morgen ist aus der Schleife ein schwaches Tief geworden, die Zeichen stehen auf Sturmstärke 8. Für den 3. Juni bereiten sich die teilnehmenden Yachten auf eine schnell durchziehende Starkwindfront vor, einige Boote drehen vorsichtshalber bei. Am 4. Juni ist aus der erwarteten Schlechtwetterfront eine sogenannte Wetterbombe geworden, ein lokales Tiefdruckgebiet, in dessen Einflußbereich es mit 70 Knoten weht, also volle Orkanstärke. Der Luftdruck sinkt auf 986 hPa, in dem Seegebiet steht eine gewaltige, schwere, brechende See.
Die Küstenfunkstationen wurden erst durch eine Dringlichkeitsmeldung der Yacht DESTINY auf die extreme Wettersituation aufmerksam gemacht. Als immer mehr EPIRB-Funkbojen Alarm auslösen, beginnt die Seenotleitstelle in Neuseeland eine Rettungsaktion zu organisieren. Handelsschiffe und Einheiten der Marine nehmen Kurs auf das Unglücksgebiet, SAR-Flugzeuge steigen auf, für den Einsatz von Helikoptern ist die Entfernung von Land zu groß.
In der Nacht vom 5. auf den 6. Juni erreicht der Sturm seinen Höhepunkt. Das Barometer zeigt mit 978 hPa den Tiefststand. In rascher Folge gehen bei den Küstenfunkstationen MAYDAY-Meldungen ein. Yachten werden bei Durchkenterungen entmastet, Besatzungsmitglieder schwer verletzt, kaum ein Boot, das sich nicht in akuter Seenot befindet. Doch langsam beginnen die Rettungsmaßnahmen zu greifen. Im Laufe des Montags kann bei schwerer See und rasch nachlassendem Wind eine ganze Reihe von Besatzungen geborgen werden. Bei diesen Bergungen, für die keine Hubschrauber zur Verfügung stehen, haben die Retter manche Heldentat vollbracht. Jeder Segler weiß, wie schwer es schon für einen Unverletzten ist, selbst bei mittlerem Seegang von einem Boot auf das andere zu wechseln. Wie es trotzdem gelang, schwerverletzte Segler auf die himmelhohen Decks eines Handels- oder Kriegsschiffes zu heben, beschreibt Farrington in seinem lesenswerten Buch fachlich detailliert.
Insgesamt ist die Schadensbilanz der Orkannacht noch einigermaßen glimpflich. Es sinkt die Yacht HEART LIGHT, nachdem ihre Besatzung gerettet ist, der Katamaran QUARTERMASTER bleibt mit drei Mann Crew

verschollen. Lediglich die aufgeblasene Rettungsinsel wird treibend aufgefunden. Wie es scheint, hat die Besatzung versucht, von ihrem sinkenden Boot in die Rettungsinsel zu wechseln und ist dabei umgekommen.
Wo liegen die Parallelen zwischen dem Fastnet- und dem Pazifik-Orkan? In beiden Fällen wurde eine Regattaflotte zu einem Zeitpunkt überrascht, als sie genau auf der Mitte zwischen den beiden nächst erreichbaren Schutzhäfen lag. Schlechtwetter mit Sturmstärke 8 war zwar einige Stunden zuvor angekündigt worden, doch entwickelten sich Fastnet- wie Pazifik-Orkan aus einem für Wettersatelliten anfangs kaum zu erkennenden Kern zu einer lokalen Wetterbombe, deren Durchmesser nur 300 Kilometer erreichte. In beiden Fällen wurden die Küstenfunkstationen von dem dramatischen Wetterwechsel erst durch PAN-PAN- und MAYDAY-Rufe aufmerksam gemacht.
Legt man die Barographenkurven der beiden Wetterphänomene übereinander, so erscheinen sie fast deckungsgleich. In beiden Orkanen ging der einzige in dem Seegebiet segelnde Katamaran mit der gesamten Besatzung verloren.
Zwei Unterschiede lassen sich aber doch festmachen. Viele der in Not geratenen Fastnet-Teilnehmer verließen ihre Yacht und suchten Schutz in der Rettungsinsel. Ein fataler Fehler, denn eine Rettungsinsel ist, wie in diesem Buch beschrieben, längst nicht so sicher wie eine stark beschädigte Yacht. Man sollte sein Boot erst dann verlassen, wenn es einem wirklich unter den Füßen wegsackt. Diese Regel haben die Segler im Pazifik beherzt.
Als wesentlicher Grund für die Rettung so vieler in Not geratener Yachten in den Weiten des Pazifiks werden die modernen EPIRB-Seenotfunkbojen genannt. lhr Signal hat die Retter schnell informiert und durch Einpeilen das Auffinden der Havaristen ermöglicht.
Der Orkan im Pazifik hat uns noch einmal deutlich vor Augen geführt, was wir nach dem Fastnet-Sturm auch schon wußten: Wetterberichte sind eine große Hilfe für die Planung eines Törns. In den allermeisten Fällen kann man sich auf die Voraussagen verlassen. Aber nicht in allen Fällen hilft die Technikgläubigkeit weiter.
Nichts geht über die Erfahrung und das Gefühl für Wind und Wetter, die sich ein Segler im Laufe seines Lebens aneignen muß.

ANHANG

Ergebnisse des Fastnet-Rennens 1979

Platz	Yacht	Eigner	Gesegelte Zeit
		Klasse 0 – 14 gestartet, 13 im Ziel	
1.	TENACIOUS	R. E. Turner	79–52–22
2.	CONDOR OF BERMUDA	R. Bell	71–25–23
3.	KIALOA	J. B. Kilroy	71–53–51
4.	MISTRESS QUICKLY	W. Whitehouse-Vaux	76–02–00
5.	SISKA	R. L. Tasker	75–55–00
6.	GITANA VI	E. de Rothschild	85–14–43
7.	WAR BABY	Warren A. Brown	90–50–23
8.	TRAVEL	R. T. Gustafson	95–41–27
9.	G 3	P. Facque & M. Loiseau	91–59–26
10.	BOOMERANG	G. S. Coumantaros	89–49–34
11.	WHIRLWIND V	N.A.V. Lister	96–20–24
12.	IL MORO DI VENEZIA	R. Gardini	91–09–40
13.	ENDEAVOUR	J. Callow & M. Dunham	130–38–26
	BATTLECRY	J. O. Prentice	aufgegeben
		Klasse I – 56 gestartet, 36 im Ziel	
1.	RED ROCK IV	E. Mandelbaum	92–24–11
2.	ACADIA	B. Beenan	88–59–34
3.	GREGAL	M. Peche	93–36–21
4.	SLEUTH	S. Colgate	87–53–08
5.	VANINA	V. Mandelli	93–31–38
6.	FORMIDABLE	P. W. Vroon	93–49–44
7.	YENA	S. Doni	95–01–29
8.	RAGAMUFFIN	S. Fischer	93–12–13
9.	CARINA	R. S. & R. B. Nye	96–08–06
10.	WILLIWAW	S. Sinett	93–51–32
		Klasse II – 53 gestartet, 23 im Ziel	
1.	ECLIPSE	J. C. Rogers	95–42–45
2.	JUBILE VI	H. Hamon	94–38–32
3.	IMPETUOUS	G. Lambert & J. Crisp	94–51–25
4.	POLICE CAR	P. R. Cantwell	94–26–46
5.	IMP	D. W. Allen	95–36–36
6.	SCHOLLEVAER	W. Dearns & F.Eekels	96–48–25
7.	LA PANTERA III	C. Ostenfeld & E. de Losala	95–16–38
8.	ASSIDUOUS	N. Beger	99–54–13
9.	MARLOO	Dr. N. S. Girdis	97–14–43
10.	CAMPSA	J. Cusi	98–22–35

Platz	Yacht	Eigner	Gesegelte Zeit
		Klasse III – 64 gestartet, 6 im Ziel	
1.	REVOLUTION	J. L. Fabry	99–21–50
2.	BLUE BIRD	A. Gerard	119–11–36
3.	CEIL III	W. Turnbull	121–06–30
		Klasse 0 – 14 gestartet, 13 im Ziel	
4.	SOLENT OYSTER	J. A. S. Bassett	119–25–08
5.	FLYCATCHER	J. W. Roome	124–05–55
6.	XARA	D. C. Barham	145–34–19
		Klasse IV – 58 gestartet, 6 im Ziel	
1.	BLACK ARROW	Royal Air Force S.A.	119–37–01
2.	SAMSARA	Madame O. Tran-Van-Dom	118–11–47
2.	LORELEI	M. Catherineau	
3.	MAHURI	G. M. Lowson	131–19–56
4.	KALISANA	HMS Sultan (Cdr. Watson)	137–34–52
5.	KARIMATA	E. Blokzyl	137–48–48
6.	TRONADOR	R. M. H. Edwards	139–53–32
		Klasse V – 58 gestartet, 1 im Ziel	
1.	ASSENT	W. & A. Ker	132–12–45

Die Opfer des Fastnet-Rennens 1979

Name	Yacht	Land
David Sheahan	GRIMALKIN	GB
Gerald Winks	GRIMALKIN	GB
Robin Bowyer	TROPHY	GB
Paul Everson	TROPHY	GB
John Puxley	TROPHY	GB
William Le Fêvre	ARIADNE	GB
R. L. Robie	ARIADNE	GB
David Crisp	ARIADNE	GB
Frank Ferris	ARIADNE	USA
R. Watts	FESTINA TERTIA	GB
R. Brown	FLASHLIGHT	GB
S. Stevenson	FLASHLIGHT	GB
P. Baldwin	GUNSLINGER	GB
G. J. Willabey	VERONIER II	NL
Peter Dorey	CAVALE	GB
A. Pengrate	BUCK'S FIZZ	GB
P. Pickering	BUCK'S FIZZ	GB
J. Dicks	BUCK'S FIZZ	GB
Olivia Davidson	BUCK'S FIZZ	GB

Nationenwertung Admiral's Cup ab 1957
Ränge nach Gesamtpunkten

1957
Großbritannien
USA

1959
Großbritannien
Niederlande
Frankreich

1961
USA
Großbritannien
Niederlande
Schweden
Frankreich

1963
Großbritannien
USA
Schweden
Niederlande
Frankreich
Deutschland

1965
Großbritannien
Australien
Niederlande
USA
Frankreich
Schweden
Irland
Deutschland

1967
Australien
Großbritannien
USA
Frankreich
Deutschland
Finnland
Niederlande
Irland
Spanien

1969
USA
Australien
Großbritannien
Italien
Deutschland
Finnland
Frankreich
Niederlande
Argentinien
Bermuda
Spanien

1971
Großbritannien
USA
Australien
Argentinien
Niederlande
Südafrika
Italien
Bermuda
Deutschland
Brasilien
Irland
Belgien
Schweden
Neuseeland
Frankreich
Österreich

1973
Deutschland
Australien
Großbritannien
USA
Niederlande
Argentinien
Frankreich
Bermuda
Italien
Brasilien
Finnland
Südafrika
Dänemark
Belgien
Portugal
Irland

1975
Großbritannien
Deutschland
USA
Niederlande
Neuseeland
Spanien
Irland
Hongkong
Australien
Schweiz
Frankreich
Argentinien
Südafrika
Schweden
Brasilien
Norwegen
Italien
Kanada
Belgien

1977
Großbritannien
USA
Hongkong
Deutschland
Italien
Frankreich
Australien
Irland
Spanien
Argentinien
Niederlande
Brasilien
Norwegen
Österreich
Schweiz
Schweden
Belgien
Japan
Polen

Nationenwertung Admiral's Cup ab 1979
Ränge nach Gesamtpunkten

1979
Australien
USA
Hongkong
Italien
Argentinien
Großbritannien
Frankreich
Irland
Schweiz
Spanien
Deutschland
Japan
Niederlande
Belgien
Schweden
Singapur
Polen
Kanada
Brasilien

1981
Großbritannien
USA
Deutschland
Irland
Neuseeland
Kanada
Italien
Australien
Schweden
Niederlande
Frankreich
Spanien
Schweiz
Hongkong
Belgien
Bermuda

1983
Deutschland
Italien
USA
Australien
Kanada
Neuseeland
Niederlande
Großbritannien
Österreich
Papua-Neuguinea
Irland
Frankreich
Belgien
Schweden
Japan

1985
Deutschland
Großbritannien
Neuseeland
Australien
Dänemark
Singapur
Frankreich
Österreich
USA
Irland
Niederlande
Italien
Schweden
Brasilien
Papua-Neuguinea
Kanada
Portugal
Belgien

1987
Neuseeland
Großbritannien
Australien
Irland
Deutschland
USA
Dänemark
Frankreich
Österreich
Spanien
Niederlande
Italien
Schweden
Belgien

1989
Großbritannien
Dänemark
Neuseeland
Frankreich
Australien
USA
Japan
Deutschland
Italien
Niederlande
Norwegen
Schweden
Irland
Argentinien

1991
Frankreich
Italien
USA
Großbritannien
Deutschland
Dänemark
Japan
Australien

1993
Deutschland
Australien
Frankreich
Italien
Japan
Großbritannien
Irland
Niederlande

1995
Italien
USA
Deutschland
Skandinavien
Südafrika
Irland
Hongkong
Großbritannien

1997
USA
Deutschland
Italien
Australien
Großbritannien
Neuseeland
Skandinavien

Quellen

Joseph Conrad, Taifun, Frankfurt/M. 1978
Bob Fisher, The Fastnet Disaster, London 1979
Bobby Schenk, Fahrtensegeln in Theorie und Praxis, München 1977
Joshua Slocum, Allein um die Welt, Bielefeld 1977
Tony Farrington, Rettung im Pazifik. Überleben im Orkan, Hamburg 1997
John Fowles, Schiffbruch, Zug 1976
John Rousmaniere, Sturmstärke 10. Der schwarze Tag von Fastnet, Bielefeld 1980
Erling Tambs, Kreuzfahrten des Grauens, Hamburg 1979
Johannes Voss, Die abenteuerlichen Reisen des Kapitän Voss, Hamburg 1979
Patrick van God, Trismus. Im Winter um Kap Hoorn, Hamburg 1980
Bernard Moitessier, Kap Hoorn. Der logische Weg, Bielefeld 1976
Joseph Conrad, Der Spiegel der See, Frankfurt/M. 1973
Adlard Coles, Schwerwettersegeln, Bielefeld 1976

1979 Fastnet Race Inquiry, London
Observer Magazine, London
Yacht, Hamburg
Yachting World, London
Segeln, Hamburg
The Sunday Telegraph, London
The Western Morning News, Plymouth
The Guardian, London
The Western Evening Herald, Plymouth
The Irish Times, Dublin
Sail, Boston
Der Spiegel, Hamburg
stern Magazin, Hamburg
Newsweek, New York
International Herald Tribune, Paris
Hamburger Abendblatt, Hamburg
The Readers Digest, Stuttgart

Das Zitat von Fritz Stemme auf S. 193/194 wurde dem Artikel »Warum verließen die Crews ihre Schiffe?«, in: Yacht, H. 19 v. 12. 9. 1979, entnommen.

Abbildungsnachweis

Zeichnungen

S. 27: Bernard Frieling/Hamburgischer Verein Seefahrt, Hamburg
S. 125: Das Große Buch vom Segeln, hrsg. v. Frank Grube und Gerhard Richter, Hoffmann und Campe Verlag, Hamburg 1978, S. 159
S. 128: Camera Press, London
S. 142, 143, 144: SAIL, Boston, Ausgabe Oktober 1979
S. 153: Camera Press, London
S. 156/157: Peter Neumann, Admiral's Cup, Stalling Verlag, Oldenburg 1976, S. 44/45
S. 159/160: Camera Press, London

Fotonachweis

(nach Bildnummern)

Titelfoto: Alastair Black
Agence France Presse, Paris 31
The Associated Press, Frankfurt/M. 18
Alastair Black, Lee-on-Solent/England 39
Andrew Besley, St. Ives/England 15, 16, 17, 26, 29, 32
Daniel Forster, Murten/Schweiz 7, 9, 10, 33, 36, 38, 41, 42, 44
Ambrose Greenway/Popperfoto, London 23, 24, 25
The Irish Times, Dublin 21, 34
Detlef Jens, Hamburg 1, 40, 43
Louis Kruk, San Leandro/USA 35, 37
Thomas Kuball, Hamburg 6, 8, 27
Emile Perauer/Transglobe Agency, Hamburg 45
Photographic Section, RNAS, Culdrose/England 11, 12, 13, 14, 19, 20, 28, 30
Greg Shires, Chicago 22
Yacht Photo Service, Hamburg 2, 3, 4, 5

Der Autor

Svante Domizlaff, geb. 1950 in Hamburg, Hochseesegler seit 1967, Mitglied im Deutschen Admiral's Cup-Team 1979;
freier Publizist, Übersetzer und Herausgeber von Segelfachliteratur.
Veröffentlichungen u. a. »Hamburger Hafen«, »Faszination Segeln«, »Abeking & Rasmussen. Evolution im Yachtbau«, »100 Jahre Blankeneser Segel-Club«
sowie Co-Autor des Titels »Die Welt des Segelns«.
Sprecher des Deutschen Segler-Verbandes.

Jedes Buch ein Abenteuer

ISBN 3-7688-1021-6

ISBN 3-7688-0970-6

ISBN 3-7688-1034-8

ISBN 3-7688-1022-4

ISBN 3-7688-0956-0

ISBN 3-7688-0522-0

ISBN 3-7688-0927-7

ISBN 3-7688-0862-9

Diese und noch viele andere Bücher der Reihe „Erlebnisberichte“ sind im Buch- und Fachhandel erhältlich oder direkt beim Delius Klasing Verlag, Postfach 10 16 71, 33516 Bielefeld.

DELIUS KLASING